Sob fogo cruzado

Dados Internacionais de Catalogação na Publicação (CIP)
(Câmara Brasileira do Livro, SP, Brasil)

Toloi, Maria Dolores Cunha
   Sob fogo cruzado : conflitos conjugais na perspectiva de crianças e
adolescentes / Maria Dolores Cunha Toloi. – São Paulo : Ágora, 2010.

   ISBN 978-85-7183-065-3

   1. Adolescentes - Psicologia 2. Casamento 3. Conflito (Psicologia)
4. Crianças - Psicologia 5. Direito de família 6. Divórcio 7. Família 8.
Filhos de pais separados 9. Pais e filhos 10. Psicodrama 11. Relações
familiares 12. Separação (Psicologia) 13. Sociodrama I. Título.

10-02492   CDD-155.44

Índice para catálogo sistemático:
1. Conflitos conjugais na perspectiva de crianças
e adolescentes : Psicologia clínica 155.44

EDITORA AFILIADA

Compre em lugar de fotocopiar.
Cada real que você dá por um livro recompensa seus autores
e os convida a produzir mais sobre o tema;
incentiva seus editores a encomendar, traduzir e publicar
outras obras sobre o assunto;
e paga aos livreiros por estocar e levar até você livros
para a sua informação e o seu entretenimento.
Cada real que você dá pela fotocópia não autorizada de um livro
financia o crime
e ajuda a matar a produção intelectual de seu país.

Sob fogo cruzado
Conflitos conjugais na perspectiva de crianças e adolescentes

Maria Dolores Cunha Toloi

SOB FOGO CRUZADO
conflitos conjugais na perspectiva de crianças e adolescentes
Copyright © 2010 by Maria Dolores Cunha Toloi
Direitos desta edição reservados para Summus Editorial

Editora executiva: **Soraia Bini Cury**
Editoras assistentes: **Andressa Bezerra e Bibiana Leme**
Capa: **Rawiski Comunicação**
Projeto gráfico e diagramação: **Luargraf Serviços Gráficos**
Impressão: **Sumago Gráfica Editorial Ltda.**

Editora Ágora
Departamento editorial:
Rua Itapicuru, 613 – 7º andar
05006-000 – São Paulo – SP
Fone: (11) 3872-3322
Fax: (11) 3872-7476
http://www.editoraagora.com.br
e-mail: agora@editoraagora.com.br

Atendimento ao consumidor:
Summus Editorial
Fone: (11) 3865-9890

Vendas por atacado:
Fone: (11) 3873-8638
Fax: (11) 3873-7085
e-mail: vendas@summus.com.br

Impresso no Brasil

Sumário

Introdução 7

1 Conflitos conjugais 13

- ◇ Conflito e conjugalidade 22
- ◇ Conflito conjugal no Judiciário brasileiro 26
- ◇ Os direitos das crianças e dos adolescentes 33
- ◇ Psicologia e direito 37
- ◇ Guarda dos filhos 40

2 Perspectivas das crianças e dos adolescentes sobre família, casamento, separação e papéis familiares nas diferentes configurações 44

- ◇ A criança e o adolescente na "cultura do divórcio" 44
- ◇ As concepções dos adolescentes sobre família e papéis familiares 48
- ◇ Dinâmica dos relacionamentos familiares 61
- ◇ Dinâmica familiar "sem conflitos" 72
- ◇ Dinâmica dos conflitos familiares 74
- ◇ Dinâmica dos conflitos nas representações da família casada 75
- ◇ Dinâmica dos conflitos nas representações da família separada/divorciada 78
- ◇ Reações dos filhos aos conflitos conjugais 88

3 Conflitos conjugais para crianças e adolescentes 90
- Os efeitos dos conflitos conjugais sobre os filhos   95
- Parentalidade e hostilidade entre pais e filhos   104
- Síndrome da Alienação Parental (SAP)   106

4 Sociodrama temático com adolescentes sobre conflitos conjugais: um procedimento de pesquisa 115
- A escolha do procedimento   118
- O trabalho de pesquisa   120
- Análise dos resultados da pesquisa   125
- Considerações finais   126

5 Perspectivas dos adolescentes sobre conflitos conjugais 128
- Temas sobre conflitos conjugais   128
- Como os adolescentes compreendem conflitos conjugais   129
- Como os adolescentes enfrentam conflitos conjugais   143

Considerações finais   147

Bibliografia   155

Introdução

> *"Todos os criadores estão a sós até que seu amor pela criação forme um mundo ao seu redor."*
>
> Jacob Levy Moreno

Este livro teve como gatilho a tese de doutorado *Filhos do divórcio: como compreendem e enfrentam conflitos conjugais no casamento e na separação* (Toloi, 2006), no Programa de Pós-Graduação em Psicologia Clínica, Núcleo de Família e Comunidade, da Pontifícia Universidade Católica de São Paulo (PUC-SP). O interesse nas dinâmicas dos relacionamentos familiares e, posteriormente, na potencialidade de intervenção e transformação do contexto familiar me induziram ao estudo e à pesquisa dessa temática.

Falar sobre família é instigante e, ao mesmo tempo, desafiador, visto que a maioria de nós, leitores, provém de um tipo específico de estrutura familiar e participa de processos complexos no fluxo do ciclo vital familiar. Apesar das distintas experiências, compartilhamos basicamente as mesmas questões e feridas humanas, cuja matriz se encontra no âmbito doméstico.

No trabalho que executo desde 1995 como assistente técnica de perícias psicológicas no Tribunal de Justiça de São Paulo, tenho encontrado inúmeras possibilidades de intervenção nos núcleos familiares. Isso me levou ao estudo dos conflitos conjugais e, em especial, à investigação sobre como os filhos compreendem e enfrentam as desavenças conjugais e quais são os efeitos das discórdias parentais para as crianças e os adolescentes, independentemente da configuração familiar. Assim, este livro é também fruto do estudo e da pesquisa nas áreas da psicologia clínica e jurídica em contato com o direito de família, assim como da experiência pessoal com grupos de psicodrama que me deram acesso às intimidades no contexto doméstico.

Os conflitos interparentais, a própria dissolução conjugal e seus efeitos para a família foram os principais focos de atenção, visto que as transformações sociais têm ocorrido de maneira muito rápida desde o início do século passado. Consequentemente, o impacto disso sobre as famílias brasileiras, especialmente das camadas médias da população, tem se manifestado por meio das mudanças legais ocorridas a partir da promulgação da Lei do Divórcio (lei n. 6.515), em 12 de dezembro de 1977, e principalmente da Constituição de 1988.

Considerando que nossa cultura tem conservado padrões familiares baseados em concepções do ideal de família nuclear patriarcal, com práticas hegemônicas autoritárias e idealistas da burguesia do século XIX, temas sobre família surgem como tentativas de preencher o vazio que as transformações políticas, sociais e legais deixam no âmbito dos relacionamentos. Diante das transformações sociais e jurídicas, surgem as buscas de respostas para as questões sobre como as mudanças estão sendo absorvidas no contexto da família urbana de classe média brasileira. A legalização do divórcio no Brasil trouxe um novo panorama da dinâmica dos relacionamentos familiares, principalmente quanto ao papel da mulher na luta pela conquista da igualdade e no cuidado dos filhos.

A partir dos anos 1990, o paradigma da resiliência[1] passou a ocupar um espaço significativo no estudo e na abordagem das famílias e introduziu uma nova maneira de compreender e examinar o contexto tanto do divórcio quanto das famílias não divorciadas. Esse paradigma procura avaliar os fatores e/ou processos que capacitam as pessoas a atuar bem, a despeito das adversidades, ou mesmo a criar mecanismos e estratégias de enfrentamento que não se manifestariam sem a crise (Cowan,

---

1. A perspectiva da resiliência enfoca como o conflito marital interage com outros fatores de risco e também como os recursos internos e externos dos filhos protegem a exposição aos conflitos (Margolin, Oliver e Medina, 2001, p. 30).

Cowan e Schulz, 1996). De acordo com essa concepção, a saúde mental das crianças e dos adolescentes está fortemente associada aos fatores de risco e proteção presentes nas situações de convivência familiar.

As pesquisas na área das famílias divorciadas demonstram que a falta de envolvimento e o distanciamento entre pais e filhos têm sido os maiores fatores de risco causados pela separação conjugal (Wallerstein e Kelly, 1980; Gardner, 1992; Kaslow e Schwartz, 1995; Darnall, 1998; Tiet *et al.*, 1998; Cohen *et al.*, 2002; Hetherington e Kelly, 2002).

Outros estudos consideram que o fator crítico relacionado à adaptação das crianças no pós-divórcio é o nível de conflito entre os pais. O nível e o padrão de resolução dos conflitos interparentais têm sido os maiores indicadores de adaptação dos filhos no período pós-separação, mais do que o próprio divórcio (Kline, Tschann, Jonston e Wallerstein, 1989; Crosbie-Burnett, 1991; Bauserman, 2002; Hetherington e Kelly, 2002; McIntosh, 2003).

Entre as inúmeras pesquisas na área, Hetherington (1999) realizou um estudo com famílias divorciadas e não divorciadas que apresentavam diferentes níveis de conflitos conjugais (alto/baixo e encapsulado/direto), diferentes estilos de parentalidade (instrumental/emocional) e práticas educativas (autoridade calorosa/coerção negativa). A pesquisadora concluiu que o alto nível de conflito em famílias não divorciadas e o divórcio colocam crianças e adolescentes em situações de alto risco socioemocional e acadêmico, por elas depararem com rupturas na parentalidade. Concluiu também que os efeitos do divórcio e dos conflitos maritais são extensos e afetam inúmeros aspectos do desenvolvimento infantil, devido ao alto nível de estresse causado pelas discórdias interparentais e à consequente disfuncionalidade no relacionamento entre os pais e pais/filhos. Por outro lado, a manutenção do casamento com alto nível de conflito provoca as mesmas consequências.

Dessa maneira, podemos considerar que o divórcio caracteriza um contexto específico de situações adversas no ciclo vital de uma família (declínio econômico, eventos estressantes, conflitos psicológicos e comportamentais, problemas de saúde dos pais e recursos pessoais inadequados), especialmente durante os dois primeiros anos após a separação. Porém o nível de conflito entre os pais e a qualidade da parentalidade são fatores de resiliência no ajustamento dos filhos. Os resultados obtidos demonstram que o processo familiar (conflitos conjugais e qualidade da parentalidade) é mais importante do que a estrutura familiar (famílias divorciadas e não divorciadas), considerando-se o desenvolvimento cognitivo/emocional e os problemas psicológicos e comportamentais das crianças e dos adolescentes (Hetherington, 1999; Hetherington e Kelly, 2002).

Com a busca de resoluções para os conflitos familiares, o contexto judicial se apresenta como o espaço em que se intensificam ou minimizam/solucionam esses conflitos. Essa instância é considerada atuante na legitimação e manutenção dos direitos e das obrigações nos relacionamentos entre os ex-casais e seus filhos, interferindo dinamicamente nos contratos formais e informais da convivência familiar.

Outro aspecto a ser considerado na situação das famílias brasileiras é o fato de que vivemos efetivamente na "cultura do divórcio". Desde dezembro de 1977, com a promulgação da lei n. 6.515, crianças e adolescentes, tanto de famílias separadas/divorciadas quanto de primeira união, vivenciam o contexto do divórcio como referência das relações familiares no cotidiano. Hackstaff (1999) chamou de "cultura do divórcio" dos países ocidentais – onde a separação conjugal é juridicamente reconhecida – o agrupamento de crenças, símbolos e práticas emoldurados por condições materiais que introduz, nos espaços sociais e familiares, a ideia de que casar é opção, o casamento é contingência, e o divórcio, uma solução. Já a "cultura do casamento" é constituída pela crença de que casar é uma obrigação, o casamento é para sempre, e o divórcio, o último recurso. Dessa maneira, a "cultura do divórcio" inclui todos os filhos que são direta ou indiretamente influenciados pelo contexto de separação dos pais.

Diante do exposto, apresento no capítulo inicial, "Conflitos conjugais", as concepções sobre conflitos norteadoras deste livro. Os conceitos sobre conflitos desenvolvidos na mediação, por Suares (1999), e na psicoterapia, por Heitler (1990), dão indícios de que a complexa construção e manutenção da conjugalidade aparecem como foco de antagonismos e discórdias entre os pais e entre os pais e filhos. Assim, apresento os estudos sobre conflito e conjugalidade realizados com a população brasileira, que confirmam os resultados de pesquisas feitas em outros países sobre como concepções, crenças, valores e expectativas dão suporte aos relacionamentos na conjugalidade e os mantêm.

O item "Conflito conjugal no Judiciário brasileiro" possibilita o reconhecimento dos processos sociais, econômicos, políticos e jurídicos como fenômenos da cultura articulados a modos coletivos de pensar, imaginar, sentir e atuar. A busca do Poder Judiciário para a solução de conflitos apresenta modos específicos e significativos de expressão das discórdias, tanto no discurso das partes que procuram a Justiça quanto nas decisões judiciais. Foram enfatizados o histórico e os aspectos concernentes às dissoluções conjugais em diferentes regiões do país na Primeira República, visto que representam a base dos sistemas e padrões de conduta moral e social da família, interferindo na dinâmica dos conflitos maritais.

No item "Psicologia e direito", abordo aspectos da intersecção entre as duas áreas no tocante aos direitos dos filhos e a importância da abordagem psicológica no contexto da separação judicial. Em "Guarda dos filhos", assinalo a importância que a escolha do sistema de guarda no período pós-separação tem para a adaptação da prole. Abordo também questões sobre como se intensificam os conflitos quando são iniciadas as disputas judiciais.

No segundo capítulo, "Perspectivas das crianças e dos adolescentes sobre família, casamento e separação e papéis familiares nas diferentes configurações", apresento os resultados de pesquisas com a população brasileira sobre conflitos na conjugalidade, enfocando o ponto de vista dos filhos. Em "A criança e o adolescente na 'cultura do divórcio'", apresento os resultados de estudos longitudinais com famílias divorciadas realizados fora do Brasil e destaco como os temas sobre guarda de filhos e desigualdades de gênero se apresentam no contexto brasileiro, interferindo na adaptação dos filhos no período pós-separação. Os sociodramas temáticos, utilizados como procedimento da pesquisa citada, possibilitaram a compreensão das dinâmicas das interações familiares nos conflitos, assim como das reações dos filhos aos conflitos entre seus pais.

No terceiro capítulo, "Conflitos conjugais para crianças e adolescentes", apresento os principais modelos teóricos que embasam a compreensão do impacto das discórdias maritais sobre os filhos. Apresento também os resultados de pesquisas sobre os efeitos dos conflitos conjugais no processo de desenvolvimento cognitivo e emocional dos filhos adolescentes com pais divorciados e não divorciados. Em "Parentalidade e hostilidade entre pais e filhos", exponho as referências e os resultados de trabalhos realizados em contextos com alto nível de conflitos e hostilidade familiar. Em "Síndrome de Alienação Parental", abordo a definição e os aspectos do desenvolvimento dessa síndrome por meio de trabalhos que procuram unir as áreas da psicologia e do direito quando as discórdias familiares precisam de uma intervenção mais direta da Justiça.

No quarto capítulo, "Sociodrama temático com adolescentes sobre conflitos conjugais: Um procedimento de pesquisa", introduzo o procedimento de pesquisa utilizado com 45 adolescentes nos sociodramas temáticos desenvolvidos por meio do teatro espontâneo. Nesse capítulo descrevo, de modo detalhado, as cinco etapas do procedimento e enfatizo as vantagens da utilização do sociodrama para a obtenção de respostas na investigação clínico-social e científica e, ao mesmo tempo, de um espaço pedagógico e terapêutico de expressão dos participantes.

No quinto capítulo, "Perspectivas dos adolescentes sobre conflitos conjugais", exponho os resultados da pesquisa sobre como os filhos compreendem e enfrentam os conflitos conjugais (Toloi, 2006), tanto no casamento quanto no contexto de separação da díade parental.

Em "Considerações finais", levanto as repercussões das questões sobre conflitos conjugais nos campos clínico-social, de pesquisa e judiciário. Isso deve ajudar no trabalho dos profissionais da área de saúde mental e dos representantes da Justiça, a fim de induzi-los na direção de um contexto mais cooperativo em que se utilizem dispositivos pedagógicos e terapêuticos na prática com as famílias contemporâneas.

Faça uma boa leitura!

1
Conflitos conjugais

"Os docentes não despojam de nossos conhecimentos; os médicos, de nosso corpo; os juízes e advogados, de nossos conflitos."

Leonardo Schvarstein, 1996

A palavra "conflito", na língua portuguesa, tem como uma de suas definições "profunda falta de entendimento entre duas ou mais partes" (Houaiss, 2004). Esse vocábulo vem do latim *conflictus*, que significa "desacordo", "choque". O termo é frequentemente utilizado na psicologia para definir uma realidade intrapsíquica. No campo da mediação, ele é empregado para referir-se aos conflitos entre pessoas, entre pessoas e organizações e entre organizações, destacando sempre o caráter relacional (Suares, 1999). Nesse sentido, essa abordagem parece bastante útil quando o objeto de estudo são os conflitos conjugais.

Conflitos não podem ser considerados entidades simples, nem mesmo conceitos, mas processos complexos inerentes ao ser humano e ao seu convívio com outras pessoas. Conflitos, sendo situações de crise, fazem parte da vida do ser em evolução. Não podemos conhecê-los totalmente nem predizer seu desenrolar.

No campo da mediação, a concepção de conflito é baseada na teoria geral dos sistemas, a qual demonstra que vivemos dentro de sistemas múltiplos, mais ou menos complexos, compostos por elementos e suas atribuições, assim como pelas relações entre esses elementos. Entre os sistemas existem interações que apresentam características especiais e são regidas por regras semelhantes que se atraem, apesar de conterem outras que, por apresentarem diferenças, são antagônicas.

Para que se mantenha um sistema é necessário que seus elementos conservem as diferenças, ou seja, as interações antagônicas, pois, se não existissem as diferenças, os elementos se confundiriam um com o outro, entrariam em fusão e o sistema desapareceria. Por outro lado, se existissem somente as interações antagônicas, o sistema entraria em colapso e se destruiria. Dessa maneira, o antagonismo não é nem construtivo nem destrutivo em si mesmo, mas um dos elementos da evolução dos sistemas que não podem ser eliminados. As interações antagônicas interagem com as atrativas, criando um equilíbrio dinâmico.

Heitler (1990), ao analisar as estratégias para diagnóstico e tratamento de indivíduos, casais e famílias, considera o conflito uma situação em que são encontrados elementos incompatíveis cujas forças se apresentam em direções opostas ou divergentes. Pruitt e Rubin (*apud* Heitler, 1990) definem conflito como a divergência de interesses ou crenças entre partes cujas aspirações não podem ser alcançadas simultaneamente. Assim, para Heitler, os conflitos existem se as pessoas pensam sobre eles, ou seja, elas constroem, de forma cognitiva e emocional, fatores considerados contraditórios mesmo que estes não façam parte da situação propriamente dita. A autora enfatiza que as forças divergentes evocam tensão, mas não necessariamente hostilidade ou luta. Nesse caso, o termo denota apenas que elementos podem aparecer em oposição.

A razão pela qual os conflitos chamam a atenção dos cientistas sociais é seu caráter antagônico. A palavra "conflito" nos remete a luta, desacordo, briga entre as partes, e consequentemente nos leva a pensar nas alternativas de dissolução, finalização e resolução, visto que o fenômeno pode causar muita angústia e muito sofrimento às partes envolvidas no processo.

O que pode ser chamado de "resolução" ou "solução" tem assumido diferentes conotações na literatura especializada. No campo da mediação, Suares, ao considerar a complexidade do conflito, afirma que este é gerado pela luta entre duas partes incompatíveis, tais como crenças, ações, cognições, condutas, valores, ideias, necessidades, sentimentos etc. A autora caracteriza o fenômeno como um "processo conflitante" em que sua coconstrução leva à ideia do gerenciamento da "condução do conflito". Ela diferencia conflito de problema assinalando que o primeiro, por ser um processo, segue a lógica da evolução/involução, ao passo que o problema segue a lógica da solução/não solução e, portanto, somente este pode ser solucionado. Assim, processo e solução são considerados de diferente ordem.

Ainda no campo da mediação, Souza (2003) chama a atenção para a indiferenciação entre as concepções de conflito e violência. Em oficinas de educação para solução de problemas, a autora assinala que, nos trabalhos realizados com grupos, constatou a "presença de crenças de que conflito é sinônimo de violência", bem como "as expectativas de uma experiência de vida em que a divergência seja erradicada" (p. 111). Ela enfatiza que, em consequência disso, os indivíduos apresentam uma visão idealizada dos relacionamentos e impotência diante do cotidiano. De alguma forma, essa indiferenciação predispõe o indivíduo a um padrão de conduta rígido e reativo. Ele passa a assumir uma posição baseada na crença de que a violência está em seu opositor, sem considerar os aspectos dinâmicos e interacionais dos conflitos. Esse estilo de comportamento impede o indivíduo de fazer um acordo ou desenvolver uma comunicação mais flexível e, assim, dificulta uma possibilidade de solução.

Por outro lado, Heitler considera que a resolução de conflitos é a conquista de uma situação que satisfaça as condições das partes quanto às forças aparentemente discordantes e, ao mesmo tempo, produza um sentimento de finalização para essas partes. A resolução, no nível psicológico, ocorre quando dois ou mais elementos aparentemente contraditórios se transformam num único elemento, que passa a existir sem contradição. A autora acredita que os princípios de resolução se aplicam a conflitos de todos os níveis – dos internacionais aos pessoais, expressos no contexto privado dos sentimentos. No entanto, as estratégias de resolução de conflitos conseguem ser eficientes somente quando as partes envolvidas desejam chegar a uma resolução, o que, de certa forma, implica a renúncia/concessão de algo, deixando de lado a posição de vencedor e perdedor.

Apesar de os aspectos psicológicos estarem incluídos nos diversos níveis de relacionamento e comunicação entre os indivíduos, no campo da mediação a ênfase da conceituação de conflito está no processo interacional entre duas ou mais partes (interação entre pessoas, entre pequenos ou grandes grupos e entre uma pessoa e um grupo) antagônicas. As pessoas em interação apresentam-se como seres totais em suas ações, seus pensamentos, afetos e discursos. Na interação, ocorrem processos – algumas vezes agressivos – de coconstrução das partes envolvidas. Por serem processos complexos, não podem ser totalmente abrangidos por uma única definição (Suares, 1999).

Um importante aspecto refere-se à "coconstrução entre as partes", que implica uma participação de ambas as partes envolvidas, com a interação entre elas dando um formato ao conflito. Suares ressalta a importância da repetição verbal, na comunicação entre as partes, para a criação de uma "pauta" que restrinja os envolvidos a um modo específico de relacionamento.

Entre as contribuições que as diversas abordagens em terapia familiar deram à mediação, podemos citar duas que melhorariam a compreensão dos conflitos conjugais: as ideias sobre a *construção do problema*, de Paul Watzlawick (1976), e a *construção do conflito como narrativa*, baseada na teoria da narrativa descrita nos trabalhos de Michael White (1994).

Watzlawick descreve dois tipos de problema e as características distintivas de cada um, denominadas respectivamente "dificuldades" e "crises". As "dificuldades" ocorrem nas situações de vida em que a aplicação de uma conduta comum, de sentido contrário ao do problema, pode parecer suficiente para levar a uma solução. Aplica-se um *feedback* negativo ao sistema, mas sem modificá-lo. Por exemplo, numa situação de frio, devemos elevar a temperatura do ambiente para que fique quente; assim, combatemos o frio com o calor. No caso das "crises", a aplicação de uma conduta oposta pode aumentar os problemas, ou seja, apesar da intenção de se obter uma solução, pode-se criar outro problema. Por exemplo, a aplicação da "lei seca" em alguns países para combater o alcoolismo originou uma série de problemas que não existiam anteriormente, como a indústria clandestina, o mercado negro de álcool e a má qualidade dos produtos de contrabando, que resultam em prejuízos à saúde da população.

Suares assinala três maneiras fundamentais de abordar os diversos tipos de problema. Na primeira delas, a pessoa faz "simplificações terríveis" e empreende uma solução/ação simplificada, mas nega a realidade geral do problema. Na segunda, denominada "síndrome da utopia", tenta solucionar o problema por meio de uma mudança, mas, do ponto de vista prático, a situação não é modificável. Na terceira, denominada "pragmática paradoxal", diante de uma crise a pessoa tenta uma modificação, porém em um nível equivocado. Essa última solução é aplicada a muitos problemas familiares nos quais são efetivadas diversas construções paradoxais. Um exemplo disso é o de pais que procuram manter uma conduta de não "mandar" nos filhos, pois não querem parecer autoritários, mas por outro lado não aceitam os comportamentos "livremente escolhidos" por eles. Em geral, essas atitudes são equivocadas, pois, na busca de uma solução, enfoca-se apenas uma parte do sistema em vez de se considerá-lo em sua totalidade.

Para abordar a construção do conflito como narrativa, Suares baseia-se nas "narrativas fixas" (White, 1994) em textos de ficção, centrados na linguagem. White enfatiza como os personagens contam as histórias de sua própria perspectiva, e considera os valores deles e a sequência de organização da história apresentada. Cada personagem mostra-se a seu modo, e seus valores, seus temas e a sequência de organização de suas narrativas podem coincidir ou não com os dos outros.

A partir dos anos 1970, começaram a ser utilizadas as "narrativas em ação", que, diferentemente do que ocorria antes, não se baseiam nos textos como produtos da ficção, mas em textos "ativos" e "vividos". Assim, os limites entre a linguística (língua) e a retórica (palavra) foram deixados de lado, e marcou-se o início das teorias pós-modernas da narrativa.

Nos textos "ativos" e "vividos" encontra-se a ação pautada por normas, regras e códigos de acordo com a cultura em que o narrador está inserido. Neles podemos observar as relações entre as pessoas, as normas, os mitos, as histórias da sociedade e os contextos nos quais as narrativas acontecem. Os diferentes contextos influenciam os tipos de relação que se criam e levam à construção de diferentes histórias. A mesma situação pode ser contada de maneiras diversas se o interlocutor for uma esposa, um amigo, um juiz ou um terapeuta. Nesse sentido, nos contextos dramatizados, que serão apresentados nos próximos capítulos, os filhos construíram as narrativas sobre conflitos conjugais com base em suas histórias e vivências.

Assim, para Suares, as narrativas refletem o processo de construção de histórias sobre os acontecimentos de nossa vida – e isso se mantém permanentemente. As construções são sintônicas com a forma como as pessoas, os narradores, veem a si mesmos e como construíram e continuam construindo seu próprio self. De acordo com a autora (1999, p. 194), os conflitos ou problemas têm a estrutura das narrativas:

Os discursos sobre os conflitos existem numa sequência de fatos que mantém coerência com o tema ou o argumento principal, no qual estabelecem os papéis (localizações positivas e negativas) para as pessoas e se baseiam em valores, e estes constituem o "marco ético" que posiciona as partes nos papéis de "bons" ou "maus".

Entretanto, as narrativas constroem também uma estrutura de interpretação que, de certo modo, pode se sobrepor a outras em dada situação de conflito. Nas regras de interpretação, as narrativas podem ser "constitutivas" ou "regulativas". As "constitutivas" são consideradas normas que, embora consensualmente compartilhadas, são particulares de cada indivíduo dentro de sua cultura, de seu contexto. As "regulativas" são pautadas pelas inter-relações, ou seja, referem-se aos relacionamentos e podem contribuir para a manutenção das interações simétricas e assimétricas.

Em geral, os temas e os conteúdos se apoiam em conflitos de objetivos, valores, crenças e princípios. Nos conflitos de objetivos, as partes estão centradas naquilo que querem, ou seja, na meta que cada uma pretende alcançar. Nos valores, cada parte justifica sua posição com um "valor diferente" – por exemplo, rentabilidade, beleza. Nas crenças, cada parte sustenta sua posição em um sistema de crenças, e estas estão, na maioria das vezes, na base dos valores (p. 85-6).

Nos princípios, os temas são implícitos ou explícitos para a adoção de decisões como guia de conduta. A maior dificuldade encontrada nos conflitos baseados nos princípios refere-se à impossibilidade de reflexão sobre eles. A lógica dos princípios torna rígida qualquer negociação do conflito visto que, por definição, eles não podem ser abandonados ou modificados. Isso se deve à concepção inicial de que os princípios originais são os religiosos e, como tal, absolutos e inquestionáveis. De certa maneira, a adolescência é uma etapa do ciclo vital em que podemos encontrar esse tipo de conflito, pois é uma fase caracterizada por pouca flexibilidade na comunicação e na revisão de princípios.

Em função do aspecto constitutivo, Barnett Pearce (*apud* Suares, 1999) parte da hipótese de que os conflitos são gerados pelo modo como lidamos com nossas diferenças. Ele considera que as diferenças por si só não geram conflitos, mas que estes são construídos pelas diversas maneiras com que lidamos com eles. Classifica os conflitos em "disputas incompatíveis" e "conflitos morais" (p. 87).

Nas "disputas incompatíveis", os conflitos são gerados nos momentos em que as partes enfrentam as diferenças, mantendo um acordo sobre o tema, mas demonstrando diferentes opiniões. Estas são receptivas à negociação ou mediação, e, em geral, pode haver uma resolução mutuamente satisfatória.

Nos "conflitos morais" ou "disputas morais", os confrontos estão focados nos temas e existe um desacordo quanto ao modo de tratá-los. Pearce (*apud* Suares, 1999, p. 88) divide-os em dois tipos: "incomparáveis" e "incomensuráveis". Conflitos "incomparáveis" são aqueles em que as partes que estão tratando suas diferenças não abordam da mesma forma o que está sendo discutido. Por exemplo, não se pode comparar os conflitos presentes numa situação em que uma parte discute sobre dinheiro e outra sobre um valor atribuído a algo (atenção, amor).

Nos conflitos "incomensuráveis" não há discordância quanto ao tema, porém as partes se baseiam em princípios diferentes para discuti-lo, o que torna impossível comparar essas posições ou mesmo chegar a um acordo. Para o autor, "conflitos morais" não podem ser colocados num processo de negociação sem que antes se faça algo para transformá-los em disputas incompatíveis.

Outro ponto a ser considerado é que os conflitos podem se manifestar de forma verbal e física ou podem ser silenciosos e inexpressivos. Na área de diagnóstico e intervenção – diferentemente do que ocorre na mediação –, a análise inclui os indícios silenciosos e inexpressivos. Nos estudos dessa abordagem, a ênfase está na compreensão do conteúdo, do impacto e dos padrões de comunicação dos conflitos, ao passo que o processo de resolução tem recebido pouca atenção, principalmente na literatura das psicoterapias.

A maioria dos psicoterapeutas explora os campos comportamentais (comportamentos observados e sintomas verbalizados), dinâmicos (motivação subjacente, consciente/inconsciente e origem familiar) e sistêmicos (estrutura e temas relativos à unidade familiar) com muita ênfase no sintoma, no processo e no conteúdo. Heitler (1990) propõe que, na visão baseada no conflito, este é o elemento central/organizador do psicodiagnóstico. O processo se refere a como os indivíduos lidam com conflitos, ou seja, à sequência de comportamentos que ocorrem ao longo do tempo, e sua descrição se focaliza nos padrões de respostas nas situações conflitantes. O conteúdo se refere aos temas dos problemas não resolvidos que causam desconforto às pessoas, incluindo as situações problemáticas, suas consequências e outros temas oriundos desse contexto.

Outro momento da manifestação dos conteúdos conflitantes é aquele em que a adaptação às mudanças e a transformação do ciclo vital requerem reestruturação pessoal e familiar; são exemplos disso a entrada de novos membros na família, mudanças/crises previsíveis relativas ao processo de desenvolvimento (início da fase escolar de uma criança, adolescência, envelhecimento) ou mudanças/crises não previsíveis (financeira, divórcio, doença crônica). Essas condições podem fazer as pessoas se sentirem em conflito e/ou entrarem em conflito com outras. Nesse sentido, podemos salientar esse aspecto nas diferentes condições dos filhos que aparecem neste livro, visto que eles problematizaram as experiências vividas sobre conflitos conjugais.

Diferentemente do campo da mediação, que consiste apenas na compreensão do aspecto interacional, Heitler (1990) estabelece uma relação entre padrões de conflito (intrapsíquico e interpessoal) com os sintomas clínicos evidenciados. Ela considera que:

> quando as pessoas estão em desconforto devido a sentimentos de depressão, ansiedade ou raiva, elas respondem aos conflitos em sua vida por meio de padrões específicos e previsíveis. Isso quer dizer que certos padrões de conflito emergem, consistentemente, em conjunção com sintomas específicos. Essa associação entre padrões de conflito (processo) e sintomas ocorre para conflitos tanto intrapsíquicos quanto interpessoais ou para ambos. (p. 57)

A autora chama atenção para o fato de que o estilo de vida de alguns indivíduos e/ou famílias parece refletir padrões de conduta de contínua tensão e turbulência. Isso se deve ao fato de as pessoas construírem conflitos continuamente por serem mais propensas a reagir às situações de vida com excessiva crítica, autocrítica e culpa. As evidências demonstram que, quanto mais elas reagem com negatividade, irritabilidade, atitudes defensivas e egoístas diante de desafios que as confrontam no dia a dia, maior a incidência de situações conflitantes. Essas atitudes fazem outras pessoas na interação responderem com o mesmo padrão, reagindo também de maneira negativa.

Uma forma de compreensão dos padrões relativos à construção de conflitos diz respeito às respostas dadas aos desafios cotidianos. Heitler (1990, p. 57) faz uma analogia com quatro respostas primitivas (não verbais) apresentadas pelos animais diante das situações de conflito:

luta, fuga, rendição ou imobilização/congelamento. Para a autora, os seres humanos apresentam a linguagem como uma quinta opção de resposta e, em consequência, têm a possibilidade de negociar e solucionar os problemas. Assim, falar sobre o dilema permite a abertura de um potencial amplo de soluções, criando condições que possam satisfazer às partes antagônicas do processo.

Nos conflitos intrapsíquicos, a estratégia de resolução seria, primeiramente, uma autoaceitação das partes antagônicas para, assim, poder determinar um plano de decisão/ação. Nos conflitos interpessoais, luta, submissão, fuga (saída e escape) e imobilização também se caracterizam como estratégias a ser utilizadas, porém elas podem ser funcionais ou disfuncionais, ou seja, podem contribuir para a solução do problema e para a melhora das relações interpessoais ou prejudicar ambas ainda mais. Um exemplo disso são as situações em que as pessoas tentam obter o que querem por meio de uma estratégia de luta. Elas insistem, reivindicam ou aumentam o tom de voz a fim de convencer os outros a fazer o que elas querem. Essa estratégia pode se tornar clinicamente significativa e/ou disfuncional dependendo da proporção com que elas obtêm soluções mutuamente satisfatórias e pode envolver a desconsideração dos pensamentos e sentimentos dos outros, rompimento de relacionamentos ou mesmo injúrias ou prejuízo moral e material de outras pessoas.

Os conflitos relacionais, inerentemente, envolvem as duas partes (intrapsíquico e interacional). Os padrões interacionais são recíprocos quando uma pessoa pode provocar outra e cada uma ou ambas iniciam o processo de interação. A expectativa de uma pessoa quanto ao movimento ou à conduta do outro pode ser suficiente para iniciar o padrão relacional entre elas. Assim, a partir da ação/conduta de um lado, o outro reage numa ação/conduta recíproca/conhecida e vice-versa.

Para Heitler (1990), algumas vezes a intensidade ocupa uma posição de escalonamento nas oposições das partes. Esse tipo de escalonamento, dentro de um padrão cíclico, é comumente denominado "interação luta-luta". O começo pode ser uma afirmação com uma insinuação crítica, que recebe uma resposta hostil, provocando um retorno de raiva/culpa e terminando com gritaria ou violência física. Esse padrão, que é comumente encontrado nos relacionamentos familiares, tende a se repetir de maneira cíclica, e a intensidade e o volume das expressões também tendem a aumentar.

De acordo com a autora, outro padrão de escalonamento refere-se ao "conflito evitado em interação de luta". Esse padrão também tende a aumentar de intensidade, propiciando o aparecimento de vício e/ou descompromisso crescente com o sistema familiar. Um conflito constituído num processo de escalonamento de brigas e discussões pode atingir um ponto em que um dos participantes ou ambos escolhem se desconectar da interação. Eles, então, podem vivenciar um padrão viciado estabelecendo uma guerra fria (imobilização mútua); podem mudar a posição de dominação-submissão, com um dos participantes rendendo-se; podem evitar o tema por um período de tempo ou mesmo optar por um processo cooperativo, na tentativa de encontrar uma solução mutuamente satisfatória para o problema.

Em alguns momentos o mesmo padrão disfuncional, ou uma série de padrões, pode se repetir por um longo período. Em outros casos, um determinado padrão é predominante por um período para uma pessoa ou um casal e pode ser mudado para outro padrão no período subsequente. Um casal pode passar meses ou anos num clima de tensão crescente, depois viver períodos de brigas contínuas e por fim chegar a um completo desinteresse um pelo outro.

Conflito e conjugalidade

Conflitos conjugais são processos referentes às perturbações ou mudanças no sistema de interação conjugal que podem ser provocadas por transformações ou crises no ciclo da relação entre um casal. O equilíbrio existente no início do relacionamento conjugal se rompe, e isso costuma ser sentido como angustiante, ameaçador ou como um sinal de algo novo.

Conflitos e crises conjugais são geralmente utilizados na linguagem comum como sinônimos, porém apresentam conotações distintas. Uma crise na conjugalidade pode ser percebida e vivenciada como um momento de transição entre um antigo estado de relativa estabilidade e a busca de um novo equilíbrio. Como já vimos anteriormente, tanto as crises como os conflitos fazem parte da vida do ser em evolução, no entanto as primeiras se referem a um ou diversos momentos específicos de um relacionamento, ao passo que os conflitos (intrapsíquicos/interacionais) podem emergir mais intensamente ou mesmo induzir os momentos de crise.

Conflitos conjugais podem ser analisados observando-se como eles se configuram na conjugalidade, ou seja, na expressão e comunicação de anseios, expectativas, valores, intenções individuais, como os indivíduos compreendem e vivenciam as concepções de amor, família, casamento, e como essas concepções atuam no cotidiano das relações.

Souza e Ramires (2006) assinalam que a concepção do amor romântico ocupa o papel central no imaginário amoroso nas relações de conjugalidade na cultura ocidental. Ao mencionarem as transformações que ocorreram no conceito de família no Brasil a partir da Constituição de 1988, afirmam:

> Se as mudanças legais apontam na direção da cristalização de algumas transformações, no plano da subjetivação e no dia a dia dos relacionamentos é difícil antever os ideais igualitários de relacionamento como uma transição definida. O que parece ocorrer nos relacionamentos amorosos e conjugais é a busca idealizada tanto do amor romântico, da cara metade ou alma gêmea, os quais caracterizam relações com pouco ou nenhum potencial de ajuste, mudança ou transformação, quanto de relações igualitárias, que vão se construindo ao longo do ciclo de vida adulta que se prolonga cada vez mais, tornando a compatibilidade de projetos de vida no relacionamento conjugal um árduo esforço de mudança e negociação... (p. 78)

O complexo emocional de crenças, valores, sensações e sentimentos incluídos nas expectativas de realizações individuais indica a coexistência de ideais, identidades e normas contraditórias nos sujeitos e, consequentemente, na expressão de orientações diferentes e contraditórias das subjetividades dentro da conjugalidade. Esse conjunto, nas diferentes expectativas de realizações individuais, permeia as relações conjugais com tal complexidade que interfere nas interações e nas implantações distintas dos projetos pessoais, comuns ao casal por meio de intensos processos projetivos de atuação no dia a dia.

Diante dessa complexidade, uma maneira de compreender os conflitos na conjugalidade seria considerar algumas questões referentes a como se iniciam os relacionamentos conjugais, à própria escolha amorosa dos parceiros e aos fatores que influenciam a manutenção de um relacionamento cooperativo e, portanto, mais duradouro.

Féres-Carneiro (1997), em estudo sobre o processo de escolha amorosa nos relacionamentos entre homens e mulheres hétero e homossexuais, nas camadas médias da população carioca, assinala que homens e mulheres heterossexuais valorizam as mesmas qualidades em seus parceiros, tais como fidelidade, integridade, carinho e paixão. Quanto aos atributos considerados preferenciais na escolha de parceiros, apareceram diferenças significativas de um gênero para o outro. As mulheres heterossexuais demonstraram um nível alto de exigência com relação à escolha dos parceiros e apresentaram preferência pelos atributos *competência profissional* e *capacidade econômica* como critérios de escolha. A autora considera que *competência profissional, ambição* e *capacidade profissional* são características culturalmente identificadas como masculinas, determinando certa dependência das mulheres para com seus parceiros. Com relação aos homens, os atributos *jovem* e *fisicamente atraente* foram considerados significativamente mais importantes na escolha das parceiras em variadas condições amorosas (namoro, casamento e coabitação estável).

Esses resultados confirmam o estudo realizado por Buss (*apud* Féres-Carneiro, 1997), referente a 37 culturas diferentes, e outros estudos, principalmente nos Estados Unidos, em que os investigadores focalizaram as escolhas para casamento ou um tipo de relação mais duradoura (Buss; Buss e Barnes, *apud* Féres-Carneiro, 1997). O atributo *fidelidade* foi o mais valorizado pelos homens heterossexuais, além de muito valorizado pelas mulheres hétero e homossexuais, mas não foi escolhido pelos homens homossexuais.

Hetherington e Kelly (2002), ao descrever os motivos de insatisfação nos relacionamentos conjugais, enfatizam que os conflitos nem sempre são bons preditores de separação. Eles assinalam que homens e mulheres atribuem diferentes significados às questões da conjugalidade: para as mulheres, a intimidade implica ternura e afetividade, enquanto para os homens significa prover ou simplesmente estar junto.

Os autores consideram que as diferenças de gênero foram constatadas por meio da maneira específica com que homens e mulheres expressam e avaliam as questões referentes a emoções, comunicação, sexo, fidelidade, trabalho, dinheiro, o tolerável e o intolerável no relacionamento. Além do fato de que o nível de satisfação conjugal muda, ao longo do tempo, para um mesmo relacionamento. Eles identificam cinco tipos de casamento baseados nas distintas maneiras com que os casais expressam as emoções, solucionam os problemas, se comunicam e lidam com as tarefas domésticas. Além disso, enfatizam que, entre os padrões de conjugalidade avaliados, os tipos *casamento com individuação e coesão* e *casamento tradicional* são os menos propensos a culminar em separação.

O *casamento com individuação/coesão* refere-se ao ideal de casamento no mundo ocidental, onde existe equilíbrio entre individualidade e conjugalidade. Nesse tipo, os cônjuges encontram espaço para desenvolver autonomia, individualidade, realização, autoexpressão, e só o terminam quando o individual se torna mais importante do que o conjugal. O tipo *casamento tradicional* apresenta um padrão de relacionamento em que ambos os cônjuges vivenciam os tradicionais papéis de gênero harmoniosamente – ou seja, o homem é provedor, e a mulher, cuidadora –, e a mudança ameaça a conjugalidade.

Entre os tipos mais propensos a culminar em separação estão: *casamento aproximação-distanciamento*; *casamento desengajado* e *casamento explosivo (emocional)*. No *casamento aproximação-distanciamento*, a mulher valoriza a comunicação e a intimidade, procurando confrontar e discutir problemas e sentimentos, enquanto o homem valoriza o estoicismo, se mantém reticente emocionalmente e controlado e prefere evitar o confronto e a discórdia, assumindo um papel mais distante. No *casamento desengajado*, os relacionamentos não apresentam representações de gênero, porém os cônjuges demonstram ser similares. Esse tipo normalmente une dois indivíduos autossuficientes que têm medo ou não necessitam da intimidade para atingir o sentido de bem-estar. Alguns casamentos desse tipo são realizados por conveniência, ou seja, o casal não quer intimidade ou companhia, mas ambos querem filhos, *status* e privilégios que a união conjugal pode prover. Por fim, no *casamento explosivo*, apesar de os cônjuges apresentarem diferenças na representação de gênero, esses aspectos são superados pela alta ativação emocional do casal. Nesse tipo, homens e mulheres procuram sensações fortes e são emocionalmente voláteis. Um ambiente harmonioso e plácido os deixa entediados e, em função disso, ambos procuram os extremos, incluindo intensas brigas e atividade sexual. Normalmente terminam quando a satisfação sexual não compensa a constância do conflito.

Norgren *et al.* (2004) identificaram os processos e as variáveis associados à satisfação conjugal em casamentos de longa duração (mais de 20 anos). Eles notaram que tanto os cônjuges satisfeitos quanto os insatisfeitos assinalaram o *amor* como motivo para permanecerem na relação, confirmando o valor dado ao amor romântico na cultura ocidental.

Entretanto, no casamento como uma construção conjunta da realidade, nas variáveis interpessoais que apareceram como satisfatórias estariam incluídos o *consenso*, a *resolução de conflito*, a *comunicação* e a *flexibilidade*. Quanto às variáveis circunstanciais estariam incluídos *satisfação com o* status *socioeconômico e parceiros adeptos de uma crença religiosa*.

Com base nos estudos relatados, podemos considerar paixão, fidelidade, integridade e carinho como critérios significativos na escolha inicial dos parceiros para a vida conjugal (Féres-Carneiro, 1997), o amor como primeiro atributo de escolha nas justificativas de permanência duradoura do casamento e satisfação conjugal (Norgren *et al.*, 2004) e o casamento tipo tradicional e casamento tipo individuação/coesão como referências de padrões de conjugalidade menos propensos a culminar em separação (Hetherington e Kelly, 2002). Contudo, os componentes que asseguram uma qualidade de vida a dois mais satisfatória referem-se aos recursos pessoais utilizados no processo de interação do casal para resolver conflitos e problemas conjugais.

Assim, após a escolha inicial dos parceiros, a preservação satisfatória dos relacionamentos e, consequentemente, da qualidade de vida individual e conjugal tem estreita relação com a maneira como os casais conduzem, nas diferentes perspectivas, os conflitos no dia a dia.

No entanto, nem todos os casais que vivenciam um relacionamento insatisfatório e com alto nível de conflito chegam à separação, e aqueles que decidem separar-se podem utilizar a instância jurídica na dissolução da conjugalidade ou até mesmo para a resolução dos conflitos no pós-separação. Da mesma forma como os casais vivenciam no cotidiano diferentes níveis e intensidade de conflitos (alto/baixo, aberto/encapsulado), alguns incluem os aspectos legais nas discórdias como instrumento de solução ou intensificação dos confrontos, transformando o Judiciário no espaço de atuação dos conflitos conjugais.

Conflito conjugal no Judiciário brasileiro

A história dos conflitos conjugais no Judiciário está vinculada à maneira como o divórcio tem se constituído para a família brasileira. A contextualização do divórcio requer um pouco de entendimento sobre os valores e as condutas morais implícitos nos grupos sociais em diferentes momentos da história da família, assim como sobre a dissolução dos vínculos de casamento. Na sociedade brasileira, o fenômeno do distrato conjugal é influenciado, do ponto de vista social e relacional, por significações que variam de acordo com as diferentes regiões do país.

No início de século passado, os distratos de casamento eram comportamentos incomuns que não representavam unicamente a dissolução de um vínculo conjugal, tampouco tinham um significado apenas legal. Os distratos refletiam e refletem até hoje, na esfera social, os aspectos de dominação e de conflitos dentro da família que acabam assumindo, no tempo e no espaço, especificidades inseridas nos diferentes grupos sociais.

No Brasil, a organização do divórcio, assim como do casamento, deu-se da mesma forma que em Portugal: por meio do direito canônico (Samara, 1983; Oliveira, 1999). Posteriormente, a regulamentação por parte da Igreja cobriu as questões referentes à anulação do matrimônio, e a separação foi efetivada por decreto imperial em 3 de novembro de 1827 e enunciada na Constituição do Arcebispado da Bahia (Samara, 1983; 1992).

O processo de divórcio mais antigo de que se tem conhecimento no Brasil, datado de 1700 em São Paulo, faz parte do acervo da Cúria Metropolitana. Antes da Proclamação da República, a separação judicial, ou processo de divórcio, era de competência do Tribunal Eclesiástico. Durante o período colonial, as questões dos casais que desejassem se separar legitimamente era assunto exclusivo da Igreja, ou seja, as decisões e sentenças de separação corriam por conta da Justiça eclesiástica.

A partir do regime republicano (1890-1930) o governo provisório baixou o decreto-lei 181, de 24 de janeiro de 1890, incorporado à Constituição Federal de 1891, em que estabeleceu ser o Estado, por meio do Tribunal de Justiça, o fórum legítimo para união e separação de casais. Na ocasião, o Ministério da Justiça comunicou aos governos federados que os juízes de paz passariam a ter competência para nomear escrivães e seriam responsáveis pelo cumprimento do dispositivo legal que tornava obrigatória a realização do casamento civil antes da cerimônia religiosa (Oliveira, 1999). De acordo com Azevedo (1961, p. 233):

> Sendo o casamento civil, no Brasil, por força da Constituição Federal e do Código Civil, monogâmico e indissolúvel, não existe no País o divórcio a vínculo. O regime republicano tentou introduzi-lo mas opoz-se-lhe a resistência dos constitucionalistas, da Igreja e de grande parte da opinião pública... Em logar do divórcio total foi introduzido, por uma lei de

24 de janeiro de 1890, incorporada à Constituição Federal de 1891 e às seguintes, a separação legal ou divórcio *a mensa et thoro*, que não dissolve os laços matrimoniais mas desobriga os cônjuges da obrigação da vida em conjunto. Esse instituto, a princípio denominado "divórcio" e assim referido nos documentos judiciais e censitários, é chamado "desquite".

Na Primeira República, a decisão do Estado sobre o ato de separação conjugal dizia respeito à divisão do patrimônio e à tutela dos filhos. Sabe-se que, nessa época, em São Paulo, começaram a surgir os processos encaminhados ao Tribunal de Justiça Civil que poderiam ser movidos pelos cônjuges tanto por ações litigiosas quanto amigáveis. Apesar do aparecimento dessas ações, os laços do matrimônio se mantinham indissolúveis devido às pressões da Igreja Católica, e a dissolução do casamento ocorria apenas com relação à separação dos bens do casal e da vida comum, não sendo permitido um segundo casamento.

Os tipos de família, as relações de parentesco e as regras de casamento e de divórcio relacionavam-se com os esquemas de estratificação social. A intromissão do Estado no espaço privado se manifestava nas diferentes classes sociais dependendo dos interesses envolvidos e das características socioeconômicas das regiões geográficas do país. Em São Paulo, por exemplo, devido ao intenso crescimento econômico e demográfico ocasionado pelo processo de urbanização, a dissolução dos matrimônios ocorria tanto para os escravos quanto para as pessoas provenientes de tradicionais famílias paulistanas.

Nos processos da elite paulistana, o aspecto central dos pedidos de divórcio era a questão de que a propriedade poderia ser colocada em risco caso fosse dividida entre os cônjuges. Os parentes se comportavam como se fossem membros de uma unidade corporativa a serviço da manutenção e do controle do patrimônio familiar. Em geral, os homens eram convocados a afirmar a adequação da conduta de cada um dos cônjuges, indicando como deveria ser um bom marido ou uma boa esposa. Nesse setor da sociedade, prevalecia a "família patriarcal", com a manutenção do *status* e prestígio social (Souza, 1992), e a solidariedade e o regime de poder das famílias se estruturavam em torno de um membro mais velho, o qual os demais consultavam a respeito das questões conjugais e a quem prestavam deferências (Azevedo, 1961).

Nas dissoluções de casamento, a questão subjacente nos autos era a análise da possibilidade de o chefe de família perder a metade de seus bens e/ou a mulher ser capaz de administrá-los. Caso a mulher tivesse interesse em ser portadora dos bens do casal, isso se justificaria se ela pudesse comprovar que o marido não tinha sido um bom representante da família ou até mesmo que a fortuna familiar corria risco nas mãos dele porque, ao manter uma relação extraconjugal, estaria doando as propriedades do casal a outras mulheres ou lesando a herança dos filhos legítimos. Esse tipo de risco teria o peso de conceder o divórcio à mulher. Mesmo assim, eram raros os episódios em que isso ocorria.

No caso de conflitos entre casais resultantes de maus-tratos físicos por parte dos maridos, estes apresentavam testemunhas que negavam ter visto qualquer tipo de violência e afirmavam que eles nunca teriam sido capazes desse ato. As principais testemunhas das mulheres eram, geralmente, criados que presenciavam cenas do cotidiano doméstico, porém o depoimento deles era sistematicamente desqualificado ou mesmo anulado pela parte contrária.

Souza (1992) acrescenta que, numa época em que as uniões oficiais eram raras nas classes populares, entre os imigrantes era maior o número de casamentos civis e, por conseguinte, de divórcios realizados. No entanto, esse fenômeno ocorria para que os imigrantes, independentemente da classe social, pudessem legitimar no país sua cidadania mediante o reconhecimento da união conjugal e, possivelmente, da separação. A questão central nos processos de separação era a da sobrevivência no novo país. Nos autos, os temas eram relacionados à manutenção da família inserida no processo de enraizamento dos imigrantes.

Os conflitos familiares apresentados pelos imigrantes e pelas classes populares eram caracterizados pelas tensões relativas ao desemprego, à precariedade de salários e à falta de perspectiva do proletariado. Os valores patriarcais eram desafiados pelo trabalho feminino, pela divisão de tarefas do papel de provedor entre os membros da família e pela saída da mulher do espaço doméstico (Azevedo, 1961; Souza, 1992).

Nas denúncias de violência doméstica oriundas das classes populares, diferentemente do que ocorria com a elite, eram apresentadas várias testemunhas, como amigos e vizinhos, descrevendo cenas minuciosas do cotidiano nos lares. Existia um clima de solidariedade da rede social para com o casal, e os depoimentos representavam o conceito da comunidade sobre quais seriam os papéis adequados ao marido e à mulher (Azevedo, 1961; Souza, 1992). As petições levadas em juízo também diferiam das apresentadas pelas elites, pois não continham os jargões jurídicos, mas traziam as questões banais do dia a dia das pessoas, formuladas e descritas concretamente (Souza, 1992).

Na cidade de Salvador (Bahia), Oliveira (1999) demonstra que o contexto de dissolução dos matrimônios apresentava outras características. Apenas uma parcela da população interessava-se pelo casamento formal e, consequentemente, pela dissolução deste. O comércio fez surgir a oligarquia financeira, que era formada por portugueses e se mantinha antagônica às camadas pobres da sociedade nos diversos espaços públicos e privados. Constatou-se o divórcio como conduta das camadas média e alta da sociedade. Os casamentos eram raros, e aqueles que se separavam eram indivíduos influentes, de prestígio e de poder, ou seja, pessoas emergentes socialmente, os funcionários do Estado ou os profissionais liberais. Casar ou cumprir qualquer uma das normas legais significava estabelecer-se socialmente. Os casamentos de descendentes de escravos eram firmados como estratégias de adquirir *status* social.

A dissolução conjugal era uma maneira de as mulheres questionarem o autoritarismo masculino; porém, mesmo com os distratos, a hegemonia masculina se mantinha por meio do controle dos bens do casal e da guarda dos filhos.

As questões sobre agressão doméstica assumiam diferentes interpretações conforme a posição social dos litigantes. As agressões físicas poderiam ser graves para os indivíduos de posse ou com escolaridade, porém, para as pessoas pobres, só tinham gravidade se fossem constantes. Na maioria dos casos, os processos de dissolução conjugal eram consensuais, camuflando o verdadeiro motivo do conflito. De certa maneira, os conflitos domésticos eram resguardados e também abafados pela aparente consensualidade dos casais.

Os motivos que poderiam levar à separação dos casais na Primeira República seriam provavelmente os mesmos que levam os casais aos tribunais nos dias de hoje: os bens e a guarda dos filhos. As razões alegadas para a separação e a maneira como os distratos de casamento ocorriam, tanto nos tribunais eclesiásticos quanto na Justiça, variavam de acordo com o poder econômico, social e moral vigente.

Os tribunais de justiça civil e eclesiástica de São Paulo demonstravam aspectos mais relacionados com a questão da igualdade entre os cônjuges. Nesses casos, desde que tivesse sido estabelecido o regime de comunhão de bens, a mulher poderia recorrer se a divisão do patrimônio do casal fosse injusta e não igualitária. Os processos da época analisados demonstravam que a divisão do patrimônio deveria ser equitativa (Samara, 1983).

Nesse sentido, pode ser constatada uma maior preocupação com a posição da mulher após a separação e, especialmente, com os filhos legítimos menores, que tinham seus direitos assegurados. A tutela dos filhos sempre ficava assegurada ao pai, com exceção das crianças pequenas em fase de amamentação. Cabia ao homem a obrigação de garantir alimentos e educação à prole, desde que ele tivesse condições econômicas para isso, enquanto à mãe cabia criá-la. Caso a mãe tivesse melhores condições econômicas, a quantia referente à contribuição do pai poderia ser determinada pelo juiz de menores.

No final do século XIX, os documentos analisados por Samara (1983) demonstram que a guarda dos filhos era decidida pelo casal nos casos de consentimento mútuo, mas nem sempre todos os filhos ficavam sob a guarda do pai ou da mãe. Nessa época, começaram a surgir os casos em que, quando a guarda era concedida à mãe, cabia ao pai o pagamento de uma pensão mensal e também o sustento dos filhos que permanecessem em sua companhia.

Quanto à cidade de Salvador, os documentos analisados (Oliveira, 1999) revelam que, após a separação, as mulheres voltavam a morar com a mãe e os irmãos, e não foram encontrados registros de esposas que tivessem saído da casa do marido para viver sozinhas. Verificou-se também que a mulher começava a demonstrar a não aceitação da submissão e da resignação feminina. No divórcio, como instrumento legal, reconhecido e aceito socialmente, ela começava a "impor" seus direitos.

A soberania masculina também se fazia presente nas questões referentes à herança dos casais divorciados. Em casos de morte da mulher sem filhos, mesmo depois de divorciada por sentença, o ex-marido acabava assumindo a função de inventariante e herdava os bens deixados pela falecida. Já nos casos de falecimento do homem divorciado, o filho homem mais velho do casal se apresentava como inventariante, sem que a mulher pudesse ter acesso ao processo ou mesmo aos bens do ex-casal. De acordo com Oliveira (1999, p. 128),

> as representações de poder masculino eram muito maiores do que aquele definido pela lei, ou seja, o poder de gerir bens e negócios, de escolher o domicílio da família e de impor obediência, algumas vezes, é vivido pela via da violência física e moral, exercida por alguns homens contra suas mulheres e filhos.

A guarda dos filhos era mantida pelo pai, que era a figura centralizadora do domínio familiar. A chefia da família parecia ir além da administração dos bens do casal, abrangendo também o provimento, o exemplo moral, a guarda, a proteção e a educação dos filhos. A figura feminina aparecia sempre valorizada como uma figura "santificada"; porém, quando se tratava de divórcio, os filhos ficavam com o pai porque este era responsável pela administração dos bens dos menores. Nesse contexto, nenhuma referência era feita aos reais interesses dos filhos, ou melhor, as necessidades da prole limitavam-se aos interesses de herança, patrimônio e criação dentro dos padrões religiosos e morais da época.

No início do século XX, os conflitos familiares e as tensões conjugais foram adquirindo uma forma socialmente aceitável. As resoluções pós-separação seguiam os padrões de conduta moral de cada grupo social, e, nos conflitos conjugais, não eram considerados os aspectos psicológicos dos cônjuges ou dos filhos, mas apenas os efeitos sociais e econômicos da situação.

Os distratos de casamento sempre apresentaram distintos posicionamentos e significados dos papéis masculinos e femininos no contexto familiar. No Brasil, os procedimentos e as decisões judiciais evoluíram de acordo com as expectativas sobre os papéis sociais decorrentes do processo de ocupação do solo urbano por grupos e do desenvolvimento social e econômico da região. Em São Paulo, as famílias e os distratos matrimoniais tenderam a um padrão nuclear de constituição familiar, ao passo que em Salvador podem-se observar características mais marcantes relativas ao conceito genérico de "família patriarcal", semelhante ao apresentado pelas elites paulistanas.

Desde a Primeira República até os dias de hoje, ocorreram inúmeras transformações nos direitos da mulher e, em alguns aspectos, também dos filhos, o que não implica necessariamente uma modificação nos códigos dos relacionamentos familiares.

Quanto à situação dos filhos, atualmente há inúmeros entraves na situação pós-separação para os casais que procuram o Poder Judiciário. O juiz tem o poder central e decisório de um contexto extremamente complexo que ultrapassa o caráter profissional e humanista na compreensão da família. A grande questão de conflito acaba não sendo a divisão de bens ou a pensão alimentícia – aparentemente não tão significativas para a prole –, mas sim a guarda dos filhos.

No Judiciário, a família, reconhecida como um instituto natural, mas essencialmente cultural, encontra-se diante de dois desafios: os limites para a intervenção do Estado na vida privada e a subjetividade jurídica. De acordo com Pereira (2003), compreender o funcionamento das estruturas psíquicas é compreender também a estrutura do litígio conjugal na busca do Poder Judiciário como órgão regulador da prática das funções familiares, considerando o afeto norteador e condutor da organização jurídica do Direito de Família. Diante disso, a articulação entre as práticas jurídicas e os conhecimentos da área psicológica compõe um procedimento de compreensão e ajuda aos filhos cuja família está envolvida em ações de guarda e/ou outros litígios judiciais.

Os direitos das crianças e dos adolescentes

O reconhecimento dos direitos das crianças e dos adolescentes provém da construção social da noção de cidadania dos indivíduos com idade inferior a 18 anos. Os pressupostos básicos inseridos nas doutrinas da Justiça acompanham historicamente a compreensão de juristas e cientistas sociais acerca de como proteger e amparar a infância e juventude no processo de desenvolvimento físico-psicológico e de inserção social.

Desde o século XIX, a proteção à infância no Brasil teve basicamente três correntes jurídico-doutrinárias de grande influência no cenário político/social e familiar (Pereira, 2000). A primeira – a Doutrina do Direito Penal do Menor –, concentrada nos códigos penais de 1830 a 1890, preocupou-se especialmente com a delinquência e baseou a impunidade na "pesquisa do discernimento", ou seja, na imputação da responsabilidade ao menor em função de seu discernimento e sua compreensão de uma ação criminosa. Quanto às medidas legais adotadas por essa corrente, Pereira (2000, p. 34) assinala que "o juiz determinava se o jovem era ou não capaz do dolo, e, para tal fim, levaria em conta a vida pregressa, seu modo de pensar, sua linguagem, não justificando basear-se apenas numa razão, obrigando-o a pesquisar o conjunto dos elementos informadores". Assim, eram imputadas aos adolescentes medidas repressivas, em vez de educativas.

A primeira legislação para a infância e a juventude foi o Código de Menores de 1927, conhecido como Código Mello Matos. O período histórico da gestação dessa lei foi o de um Estado preocupado com a questão da criminalidade juvenil relacionada ao abandono familiar e à crescente urbanização. O período de vigência da lei foi o de um Estado centralizador e autoritário que enfatizava a justiça assistencialista social. Esse código oficializou o direito específico para a infância e juventude, consolidando o termo "menor" para nomear indivíduos com menos de 18 anos. Dessa maneira, para que o problema da criminalidade juvenil pudesse ser resolvido por meio da educação, o Estado assumia a tutela dos chamados "menores", retirando-os do âmbito familiar e estabelecendo como prática corrente seu internamento (Miranda Júnior, 2000). Em razão disso, em 1941 foram criadas duas instituições: o Sistema de Atendimento aos Menores e o Departamento Nacional da Criança.

A segunda legislação – Doutrina Jurídica da Situação Irregular – passou a vigorar efetivamente com o Código de Menores de 1979. Nessa época, foi reconhecida a situação irregular da criança e do adolescente em consequência das modificações que a Lei do Divórcio (lei n. 6.515/77) provocou na família nuclear, considerada "regular". Essa doutrina baseava-se no pressuposto de que existiam situações de perigo que poderiam levar o menor a uma marginalidade mais ampla (Pereira, 2000), ou seja, o abandono material e moral gerado no processo de separação seria um passo para a criminalidade.

Historicamente, o contexto de elaboração do Código de Menores corresponde ao regime militar. De acordo com Miranda Júnior (2000, p. 56):

> [o] objetivo da lei era evitar e corrigir a "situação irregular" regulamentando as atividades a as práticas sociais com as crianças e adolescentes (prevenção) e as práticas correcionais, dirigidas aos transgressores, nomeados como assistência e reeducação [...] O sujeito de direito, aqui, tem direito sobretudo à assistência, visto ser carenciado, vítima de condições de existência e de maus-tratos. A assistência visaria, sobretudo, a evitar a marginalização, entendida como a incapacidade de subsistência e participação nos bens produzidos pela sociedade, o que levaria à transgressão da lei. No âmbito da transgressão, o texto legal inclui a categoria de "desvio de conduta" por "grave inadaptação familiar ou comunitária" (termos caracteristicamente médico-psicológicos) e substitui o termo "delinquente" por "infrator".

O discurso pedagógico era dominado pelas teorias neobehavioristas e de Piaget sobre a evolução humana e os estágios de desenvolvimento, as quais eram vinculadas à noção de adaptação/inadaptação do organismo ao meio. As decisões tomadas pelos juízes tinham sempre um caráter educativo baseado em noções psicológicas do desenvolvimento cognitivo e moral das crianças. A prática institucional continuava sendo a do internamento, pois a criança e o adolescente ocupavam um lugar passivo na lei, sendo considerados incapazes e carentes de assistência e educação. Assim, o discurso psicológico começou a ocupar um importante espaço no direito, pois era uma das áreas técnicas que forneciam subsídios para o processo de reeducação do menor (Miranda Júnior, 2000).

De acordo com Pereira (2000), durante anos as decisões tomadas em nome da lei foram calcadas em critérios subjetivos estabelecidos pelo juiz, pautadas, muitas vezes, pela discriminação, desinformação ou, ainda, pela falta de condições institucionais que viabilizassem uma análise mais aprofundada dos conflitos familiares. O interesse do menor era absoluto, ficando, porém, "o destino e a vida da criança e do jovem à mercê da vontade do Juiz" (p. 36).

A terceira legislação – Doutrina Jurídica da Proteção Integral – passou a vigorar a partir da Constituição de 1988. De acordo com Lobo (2004), essa Constituição teve como base o movimento de mobilização do início da década de 1980, que incluiu um intenso debate na sociedade sobre os aspectos de proteção da infância e da adolescência. Na ocasião, uma mudança mais acentuada parecia refletir as preocupações da sociedade assumidas pela Assembleia Nacional Constituinte que promulgou a Constituição. Essas preocupações estavam mais voltadas para os aspectos da individualidade do que para as questões patrimoniais das relações de família.

Quanto à posição de crianças e adolescentes, Pereira (2000, p. 36, 41) considera que, nessa doutrina,

> [...] a população infantojuvenil, em qualquer situação, deve ser protegida e seus direitos, garantidos, além de terem reconhecidas prerrogativas idênticas às dos adultos. A proteção, com prioridade absoluta, não é mais obrigação exclusiva da família e do Estado: é um dever social. As crianças e os adolescentes devem ser protegidos em razão de serem pessoas em condição peculiar de desenvolvimento [...] perceber a criança ou adolescente como "sujeito" e não como objeto dos direitos dos adultos reflete, talvez, o maior desafio para a própria sociedade e, sobretudo, para o Sistema de Justiça.

Dessa maneira, é possível considerar que a doutrina brasileira partiu das concepções normativas do Código de 1916 e passou gradativamente para uma postura de reconhecimento do valor socioafetivo nos relacionamentos familiares, em especial na relação paterno-filial. De acordo com Fachin (2003, p. 21):

A verdade sociológica da filiação se constrói, revelando-se não apenas na descendência, mas também no comportamento de quem expende cuidados, carinho no tratamento, quer em público, quer na intimidade do lar, com afeto verdadeiramente paternal, construindo vínculo que extrapola o laço biológico, compondo a base da paternidade.

Assim, o modelo patriarcal e hierarquizado da família e dos filhos, ou seja, centrado no casamento, foi dando lugar a um modelo no qual a igualdade e o afeto adquirem maior relevância.

Nesse momento o enfoque jurídico, que antes era orientado para a deliquência e a criminalidade juvenil, passou a incluir as questões relativas ao cotidiano das famílias e à maneira como os indivíduos se relacionam no ambiente familiar.

Madaleno (2004), referindo-se às novas configurações familiares, aponta que as decisões judiciais acabam sendo prerrogativas de discussões sobre como fazer, decidir e construir, por meio das jurisprudências, as condutas mais apropriadas concernentes às demandas familiares. O autor assinala que o amor entre pais e filhos deve ser reconhecido por meio da construção no convívio diário e se manter por seu conteúdo de cuidado, proteção, responsabilidade e afeto.

Ainda de acordo com Madaleno, os elos biológicos e socioafetivos são considerados valores jurídicos. A noção de "posse/propriedade" de um filho, no Brasil, está sedimentada nas mesmas concepções de Portugal, que fala também sobre o filho como "posse/propriedade", diferente do sistema inglês, em que se focaliza o filho como um indivíduo que tem direitos. Assim, o que se expõe aqui é o conceito de família, e não de direitos do cidadão, visto que a cidadania do filho inicia-se na família. No sistema jurídico brasileiro atual, a posse pode ser concedida também se levando em conta aspectos afetivos. No Código de 2002, o enfoque, que antes era colocado nos aspectos biológicos da paternidade, passa para os socioafetivos, porém ainda se mantém o caráter de posse nas relações entre pais e filhos.

Com isso, a afetividade, que inicialmente era objeto de estudo e pesquisa de cientistas sociais, psicólogos e educadores, passou a incorporar as indagações dos juristas que lidam com as relações familiares contemporâneas (Lôbo, 2003).

A entrada do afeto e do reconhecimento da importância dos sentimentos no processo de construção e desconstrução dos vínculos amorosos abriu espaço para a inserção da psicologia nas decisões judiciais. A afetividade passou a ter fundamento constitucional, dado que a natureza da família está fundada essencialmente nos laços de afetividade.

Psicologia e direito

No âmbito familiar, as questões domésticas são historicamente pautadas pela posição do Estado sobre os direitos humanos, pela história do Direito de Família e pela modificação de parâmetros que permitiu a mulheres e crianças galgar espaços jurídicos na igualdade e inclusão social.

Na Constituição de 1988, a posição da criança e do adolescente no Brasil foi definida com base nos ideais defendidos pela Declaração Universal dos Direitos Humanos, aprovada pela Assembleia Geral da ONU em 1948. Nesse documento prevalece o reconhecimento constitucional da criança e do adolescente como titulares de direitos fundamentais e como pessoas em condição peculiar de desenvolvimento. O princípio referente ao "melhor interesse" dos filhos se apresenta em nosso sistema jurídico com seus próprios indicadores.

Diante disso, o Poder Judiciário reflete a preocupação com os interesses do menor de idade, principalmente no âmbito familiar. O desafio na implementação de ações que reflitam as efetivas mudanças na cultura do atendimento à população infantojuvenil está na busca incessante de norteadores que tornem possível assumir, definitivamente, a criança e o adolescente como "sujeitos de direitos" e promover a implementação do princípio do "melhor interesse" (Pereira, 2000; Miranda Júnior, 2000).

No Estatuto da Criança e do Adolescente (ECA – Lei n. 8.069/90), o Estado passa a delegar funções à comunidade para que ela participe do trabalho a ser realizado com a infância e a juventude. O ECA acentuou a importância da família, das instituições e da comunidade como responsáveis pela formação desses indivíduos (Miranda Júnior, 2000).

De certo modo, esse estatuto passou a garantir a execução dos direitos da criança, apesar de ser

> de difícil aplicabilidade devido ao fato de ela ser por um lado considerada como o adulto, ou seja, um sujeito de direitos, e por outro, suas características e condição de criança a deixam incapacitada para os atos da vida jurídica, sua condição peculiar de pessoa em desenvolvimento e sua titularidade de direitos fundamentais. (Pereira, 2000)

Em face desse dilema, o direito brasileiro tem buscado novos caminhos para assumir um posicionamento diferente no atendimento e na proteção da criança e do adolescente e dar voz aos jovens a fim de que sejam efetivados seus direitos fundamentais. Nesse sentido, Miranda Júnior (2000, p. 62) enfatiza:

> dar lugar à palavra de crianças e adolescentes, desta forma, é considerá--los como sujeitos capazes de se articular na linguagem para buscar o sentido. Isto significa desalojá-los da posição sintomática de sujeição em que o discurso os colocou, significa dar a eles uma chance de escolha, uma chance de responder pelo seu dever assumindo uma decisão.

Assim, faz parte da função dos psicólogos nos tribunais de Justiça a interpretação, a avaliação e o encaminhamento das diversas demandas familiares nos processos judiciais. A palavra da criança e do adolescente se expressa por meio dos discursos e laudos de psicólogos e assistentes sociais em ações judiciais sobre adoção, guarda de menores, cuidados, proteção e violência intrafamiliar e em inúmeros processos em que se discutem as garantias de seus direitos fundamentais.

Mediante apresentação dos laudos técnicos de psicólogos e assistentes sociais judiciais somados aos trabalhos dos assistentes técnicos contratados pelas partes em litígio, o processo judicial pode ser instruído. Essas provas documentais e testemunhais visam a informar o juiz e auxiliá-lo na melhor decisão do ponto de vista da criança e do adolescente.

O princípio jurídico sobre o "melhor interesse" da criança e do adolescente deve nortear as ações processuais do Direito de Família na guarda de filhos. De acordo com o ECA, a guarda obriga os pais a dar assistência material, moral e educacional à criança e ao adolescente e lhes confere o direito de se opor a terceiros, mesmo que seja o outro genitor, o que sobrepõe o conceito de guarda ao conceito de vínculo emocional e de consanguinidade. O estatuto tem por orientação o apoio às famílias carentes e marginalizadas, priorizando a prevenção da marginalidade por meio da promoção de condições ao desenvolvimento da criança e do adolescente, dentro dos programas de atendimento em meio aberto (Gomide, 1996). Desse modo, nas ações judiciais sobre guarda de filhos, basicamente provenientes das camadas médias da população, há poucos parâmetros e subsídios para a tomada de decisões.

Além disso, o instituto da guarda não é regulamentado nem no Código Civil nem na Lei do Divórcio. Segundo Dias (2002, p. 12):

Ambas as leis "se limitam a identificá-lo [o instituto da guarda] como um atributo do pátrio poder a ser deferido ao genitor com quem o filho passa a residir. Há que reconhecer que a guarda configura verdadeira coisificação do filho, que é colocado muito mais na condição de objeto do que de sujeito de direito. Tal qual o direito de propriedade – que pode se desdobrar em nua-propriedade e usufruto, posse direta e indireta – também o pátrio poder e a guarda admitem igual fracionamento. Ambos os pais detêm o pátrio poder, mas a guarda fica com um deles, sendo assegurado ao outro só o direito de visita".

Essa dualidade e oposição de direitos pode fazer que o processo judicial e os interesses dos pais sejam confundidos com os dos filhos em inúmeros momentos de discórdias em que aparecem as diferenças e a hierarquização das necessidades dentro da família. Baptista (2000) assinala que, nas separações conjugais e nos divórcios, as questões sobre guarda e direito de visitas da parte que não detém a guarda apresentam graves problemas de natureza moral e psicológica. Apesar de essas questões existirem em função e interesse dos menores e procurarem manter o contato frequente entre pais e filhos, a lei, paradoxalmente, pauta e organiza o seu exercício como se o interesse fosse dos pais.

A prática profissional das perícias psicológicas também tem demonstrado que, na maioria dos casos, acaba-se dando pouca ênfase à visão dos filhos. O discurso jurídico e os procedimentos judiciais induzem a uma complexidade de ações e direcionamentos relacionados aos interesses dos pais no litígio. Esses interesses se mesclam com o posicionamento da prole, tornando a perícia, acima de tudo, um campo orientado para a resolução da demanda do processo judicial.

Fachin (1996) sugere alguns fatores do melhor interesse da criança a ser considerados quando se decidem a guarda e o direito de visitas em famílias divorciadas, a saber: o amor e os laços afetivos entre pai/da mãe ou o titular da guarda e a criança; a habilidade do pai/da mãe ou do titular da guarda de dar amor e orientação; a habilidade do pai/da mãe ou do titular da guarda de prover a criança de comida, abrigo, vestuário e assistência médica; qualquer padrão de vida estabelecido; a saúde do pai/da mãe ou titular da guarda; o lar da criança, a escola, a comunidade e os laços religiosos; a preferência da criança, se ela tem idade suficiente para ser ouvida judicialmente; e a habilidade do pai/da mãe em encorajar o contato e a comunicação saudável entre a criança e o(a) outro(a) genitor(a).

Na área psicológica, a psicanalista Françoise Dolto (1989), frequentemente citada pelos psicólogos que atuam no contexto jurídico, enfatiza que a concessão da guarda deve ser baseada nos referenciais afetivo, social e espacial. Ela assinala que, nas decisões quanto aos menores, "a justiça não deve esquecer que as medidas tomadas no 'interesse do filho' constituem as condições que o conduzirão a se tornar autônomo na adolescência" (p. 128), pois ele se encontra inserido numa dinâmica evolutiva. Além disso, ela enfatiza que, em função do processo de desenvolvimento, na adolescência surge a necessidade de promover uma autonomia responsável no jovem a fim de direcioná-lo a seus interesses/suas necessidades e afastá-lo, o mais rápido possível, das influências derivadas dos conflitos da conjugalidade. A autora considera, de acordo com as diversas fases evolutivas, os diferentes graus de interesse dos filhos, tais como:

> o interesse imediato e urgente de que a criança não se "desarticule"; o interesse, a médio prazo, de que ela recupere sua dinâmica evolutiva após os momentos difíceis; e o interesse, a longo prazo, de que ela possa deixar seus pais: é preciso que ela seja apoiada na conquista da sua autonomia mais depressa do que os filhos de casais unidos, ou seja, que se torne capaz de assumir a responsabilidade por si, e não se deixar apegar demais ao genitor contínuo ou desenvolver mecanismos de fuga, que são principalmente de dois tipos: a inibição – a fuga para dentro de si – ou o abandono da formação pré-profissional, dos estudos, o que às vezes chega até às fugas repetidas. O "interesse do filho" consiste em levá-lo a sua autonomia responsável. (Dolto, 1998, p. 129)

Desse modo, cabe à psicologia, no que concerne à determinação dos paradigmas do "melhor interesse da criança/do adolescente", a função de cuidar para que o interesse da criança/do adolescente não seja transformado no "melhor interesse" dos pais.

Guarda dos filhos

Um aspecto de extrema relevância a ser considerado na adaptação e no desenvolvimento emocional de crianças e adolescentes no contexto do divórcio diz respeito às consequências do tipo de guarda estabelecido entre os pais após a separação.

A determinação de quem vai ter a guarda legal e física dos filhos, o modo e as circunstâncias como isso ocorre conduzem inúmeros casais a intensas disputas judiciais. Nas últimas décadas esses fatores têm sido significativos na adaptação das famílias após o rompimento da relação conjugal.

As decisões sobre guarda influenciam os filhos a curto, médio e longo prazo, pois os arranjos estabelecidos e a maneira como as condições se desenvolvem no decorrer do tempo interferem na qualidade dos relacionamentos entre os ex-cônjuges e entre pais e filhos.

Historicamente, ao final do século XIX, com a Revolução Industrial e o aumento da preocupação com o bem-estar da criança, o pai saiu para trabalhar fora, deixando a mãe com os cuidados da prole. A divisão da responsabilidade dentro da família quanto ao pagamento das despesas do cotidiano e demais cuidados com os filhos passou a influenciar as decisões sobre guarda. A preferência pela mãe baseada na concepção da "tenra idade" tem sido o mais comum nas decisões judiciais.

A doutrina da tenra idade (aplicada a crianças de até 6 anos) foi inicialmente determinação de lei na Inglaterra dando a guarda provisória à mãe até que os filhos estivessem prontos para o retorno ao pai. Em 1920, nas leis britânicas e americanas, a preferência da guarda era da mãe, independentemente da idade da criança. Por volta de 1930, com o advento da teoria psicanalítica, colocou-se o foco na relação mãe-criança, e as teorias de desenvolvimento infantil ignoraram o papel do pai. O resultado da idealização da maternidade passou a se refletir nas decisões sobre guarda.

Nos anos 1960, devido ao grande aumento do número de divórcios em diversos países do mundo ocidental, os homens começaram a se opor à discriminação sexual nas decisões sobre guarda advinda das desigualdades dos direitos constitucionais entre homens e mulheres. A partir de então, eles passaram a questionar a pouca convivência com os filhos após a separação.

Em 1970, a maioria dos estados norte-americanos substituiu a concepção da "tenra idade" pelo "melhor interesse das crianças", e pela primeira vez na história as decisões sobre guarda foram baseadas mais nas necessidades e nos interesses da criança do que no gênero dos pais (Kelly, 1994).

A partir dos anos 1970, em consequência da grande oposição dos pais, que sentiam limitação em seus direitos simplesmente por serem divorciados, aumentou o interesse em dividir a guarda dos filhos e isso gerou novos efeitos. Desde então, surgiram estudos sobre a contribuição do pai para o desenvolvimento da criança, e a definição do(a) principal cuidador(a) viu-se questionada. Um grande número de pais começou a participar ativamente da criação dos filhos e, em consequência disso, as famílias passaram a apresentar dois cuidadores (pai e mãe). Nos Estados Unidos, no começo da década de 1980, surgiu o conceito de que toda criança necessita ter acesso tanto à mãe quanto ao pai e envolvimento com ambos (Kaslow e Schwartz, 1995, p. 194).

A partir dos anos 1980, a mudança na tendência das decisões judiciais, que passam a visar ao "melhor interesse da criança", encaminha os casos de separação conjugal na direção da guarda compartilhada, que proporciona o maior convívio da criança com ambos os pais. Nesse tipo de guarda, o pai, ao participar das decisões que envolvem os filhos, participa efetivamente de sua criação e demonstra responsabilidade para com eles.

O aumento na média de crianças sendo criadas sob o regime de guarda compartilhada demonstra que existem, cada vez mais, famílias em situação de pós-separação em que os filhos mantêm a convivência com ambos os pais e são acompanhados por eles. Os resultados das investigações na área demonstram que a guarda compartilhada oferece vantagens e desvantagens para todos os membros da família, mas que pode trazer benefícios somente se os pais demonstram cooperação, disponibilidade e flexibilidade para dividir as questões referentes aos cuidados dos filhos (Abarbanel, 1979; Benedek, Benedek, 1979; Irving, Benjamin, Trocme, 1984; Pearson, Thoennes, 1990) e é desaconselhável para os casais que apresentam alto nível de conflito (Teyber, 1995; Motta, 2000).

De certa maneira, o envolvimento ativo das mães e dos pais tem se mostrado benéfico para as crianças, independentemente da situação conjugal. Kelly (1994) propõe alguns critérios baseados nas necessidades das crianças, como a preferência pelo cuidador primário, o fácil acesso da criança a seu cuidador e o desejo dela, no estabelecimento das melhores condições do(a) genitor(a) como critérios para a obtenção da guarda.

Kelly (1994) assinala que a decisão sobre com quem a criança deverá permanecer após a separação deve ser tomada considerando-se mais as necessidades dela do que as intenções dos adultos, os estereótipos sociais e as tradições legais. Ela aponta a mediação como o modo de ajudar os pais, assim como programas educacionais para eles e para os operadores do direito, a fim de que estes possam ter melhores subsídios de avaliação para decidir sobre os casos. Portanto a tendência atual é de se considerar cada caso isoladamente, a fim de que se apliquem critérios adequados e se delineiem os fatores relevantes para o bem-estar da família. A incerteza quanto ao papel apropriado de cada um dos genitores na vida da criança tem aumentado cada vez mais.

No caso do litígio judicial, os procedimentos legais permitem que haja enorme interferência do interesse dos pais e de seus respectivos representantes legais em "vencer" a ação de guarda. A lógica do litígio, em que o casal disputa para definir quem será o "vencedor" ou "perdedor", ocupa o Judiciário com as questões relacionais, pertinentes ao campo da psicologia, mas que se submetem à lógica do delito (quem fez certo e quem fez errado) no campo da perícia. Conforme assinala Castro (2003, p. 36), ao diferenciar os objetivos do trabalho clínico psicológico daquilo que pretende a perícia judicial:

> No Judiciário, um grande fator complicador é que, além desses encobrimentos derivados de defesas inconscientes, as pessoas podem dissimular e mentir, de forma consciente, nas entrevistas e até mesmo nos testes psicológicos, com a intenção de ganhar a causa ou livrar-se de uma punição.

Os trabalhos realizados nas perícias judiciais psicológicas procuram informar ao juiz os resultados obtidos nas investigações relativas à demanda pericial, assim como o significado da disputa entre os litigantes e a melhor maneira de abordá-los. Anos de trabalho na área têm demonstrado que, em muitos casos, os casais que chegam aos tribunais não conseguem separar a conjugalidade passada da parentalidade presente e futura. Essas pessoas se utilizam do discurso legal de seus advogados para obter benefícios que acreditam haver perdido ou mesmo para dificultar o acesso do outro aos direitos dele, em intensas disputas por vezes criminosas em que a prole torna-se o alvo e/ou instrumento para se atingirem objetivos egoístas.

Nesse contexto, os interesses dos pais se misturam com as necessidades da prole, fazendo a perícia psicológica se transformar em verdadeira batalha judicial em que todos os membros da família perdem. Desse modo, o cenário definido para a "resolução" do litígio judicial torna-se, do ponto de vista psicológico, peculiar para qualquer abordagem sob a ótica dos filhos, e os interesses dos pais podem ser priorizados em detrimento das necessidades dos menores.

No Judiciário, na busca dos tribunais como meio de resolução dos litígios, ninguém ganha ou perde, mas parece que essa realidade não faz as pessoas pararem para refletir sobre o significado da postura adversarial que não acaba. Na maioria dos casos, elas se encontram tão envolvidas nas guerras judiciais que acabam perdendo a noção sobre o que as conduziu àquela situação.

2
Perspectivas das crianças e dos adolescentes sobre família, casamento, separação e papéis familiares nas diferentes configurações

A criança e o adolescente na "cultura do divórcio"

Os temas relacionados com as vivências e perspectivas de crianças e adolescentes sobre família, casamento e separação no mundo ocidental são apresentados por diversos autores estrangeiros. Contudo, nosso contexto cultural requer uma compreensão mais aprofundada de como as mudanças sociais, políticas e legais podem interferir na concepção dos filhos sobre essas questões.

Assim, passo a apresentar alguns trabalhos significativos na literatura de língua portuguesa enfocando o bem-estar dos filhos, a qualidade da vinculação destes com os pais divorciados, assim como a percepção desses pais sobre sua família e as transformações dela. Essas pesquisas foram realizadas com crianças e adolescentes das cidades de São Paulo, Porto Alegre, Brasília e Lisboa. As apresentações serão feitas seguindo a ordem crescente do ano de publicação para que os achados possam fazer sentido em relação ao processo de acúmulo do conhecimento em pesquisa.

Wagner, Falcke e Meza (1997), ao avaliarem e compararem o que pensam os adolescentes de famílias com pais de primeiro casamento e de pais separados/divorciados, assinalam que a maioria dos jovens considera que sua família é: *legal/normal* (50%) e *unida/feliz/afetiva* (35%), sendo que poucos a considerar *complicada* (15%). Quanto às características de que eles mais gostam na família, as respostas indicaram que é *companheirismo/união e afeição*, seguidas por *liberdade/diversão* (23,33%).

Nos aspectos que mais desagradam, estão as *brigas* (58,33%), seguidas de falta de *liberdade/crítica/desatenção*, sendo que poucos responderam que *nada* (6,66%) os desagradava. Quanto ao que eles mais gostariam de mudar na família, mais de 45% dos jovens responderam *nada* (28,33%), 25% responderam *brigas* e 21% citaram o *modo de pensar/agir*. Nesse estudo, as autoras concluem que o grande número de separações e novos casamentos fez o conceito de família se tornar mais extenso, descaracterizando, assim, o modelo clássico de família nuclear.

Os adolescentes que passaram pelo processo de separação dos pais e vivenciaram a reconstituição do relacionamento afetivo dos genitores com novos companheiros tendem a diferenciar-se em seus relacionamentos interpessoais. Apesar das mudanças dos valores sociais, ainda se mantém a ideia romântica do relacionamento conjugal. É consensual, entre os jovens, que as pessoas se casam por amor e se separam porque este acabou.

Souza (1997) elaborou um estudo em que as experiências das famílias de dupla carreira (pais e mães que trabalham fora e cuidam dos filhos), divorciadas, monoparentais e outras foram analisadas para evidenciar as diferenças entre as perspectivas da vida adulta e infantil dos filhos. Esse trabalho confirmou a investigação de autores estrangeiros sobre os fatores que interferem na maneira como a criança percebe a separação dos pais (idade, gênero, nível de conflito parental, arranjo de cuidados alternativos, personalidade, competência individual, redes disponíveis de apoio e seu nível de desenvolvimento cognitivo). A autora demonstrou que na experiência infantil os processos cognitivos são importantes para a construção da "realidade" vivenciada pela criança.

Ao pesquisar como a criança concebe a família e seu processo de transformação em função das novas configurações familiares a partir do divórcio, Souza (1998) enfatiza que as crianças (5-10 anos) utilizam o afeto e o vínculo positivo como orientadores na definição dos conceitos sobre os novos parceiros e sua família. Além disso, aponta que as crianças demonstram domínio nos diversos vínculos envolvidos nas relações familiares e conseguem ter uma compreensão da família como processo ou percurso geracional.

Em um estudo referente às concepções infantis diante das transformações das configurações familiares, Souza (1998) assinala que o processo de maturidade cognitiva e a experiência concreta da criança interferem na maneira como ela adquire e expressa a compreensão dos diversos níveis de complexidade da situação familiar. Independentemente da idade, elas identificam o conflito como o aspecto fundamental na motivação para o término do relacionamento entre os pais.

Quanto à situação específica separação/divórcio, Ribeiro (1989), ao investigar como os adolescentes (média: 13 anos e 9 meses) se sentiram na época da separação dos pais e quais as coisas boas e as desagradáveis que aconteceram em consequência disso, conclui que para os filhos a separação pode representar a perda da segurança e estabilidade, assim como insegurança quanto ao futuro. Acrescenta que muitas vezes há um desequilíbrio temporário ou duradouro nas estruturas hierárquicas da família e um verdadeiro tumulto no cotidiano dos filhos, uma vez que algumas modificações são necessárias para que haja uma nova estruturação econômica, espacial e hierárquica. Todas essas mudanças, aliadas ao aspecto afetivo, talvez sejam responsáveis pelos sentimentos negativos vivenciados pelos filhos na separação.

Wagner *et al.* (1999) investigaram em que medida a configuração familiar contribui para o bem-estar dos adolescentes (12-17 anos). Numa população de 391 adolescentes de ambos os sexos, as autoras concluem que a maioria dos jovens estudados (81%) apresentou um nível de bem-estar geral bom e muito bom, sendo que não houve diferença significativa entre adolescentes de famílias de primeira união e separadas/divorciadas.

Souza (2000) realizou uma pesquisa qualitativa com 15 adolescentes que tinham entre 4 e 11 anos de idade na época em que os pais se separaram. Nesse estudo a autora demonstrou que os filhos podem ou não perceber a tensão pré-separação, mas, independentemente disso, as maiores dificuldades referem-se à saída de casa de uma das figuras parentais e à falta de previsibilidade dos eventos da vida cotidiana. Apesar de relatarem solidão e ausência ou incapacidade de encontrar fontes de apoio, todos concordaram que o divórcio tinha sido uma boa solução para a família.

Ramires (2004), num estudo em que busca compreender como crianças e pré-adolescentes (5-13 anos) vivenciam a separação e as novas uniões, salienta que o tipo de vínculo que as crianças e os pré-adolescentes haviam estabelecido com seus pais constituiu-se num importante fator de resiliência no enfrentamento das transições familiares. Ela observa que os sentimentos de desamparo associados à separação aparecem mais claramente entre crianças de 5-6 e 8-9 anos e acrescenta que a idade e o nível de desenvolvimento cognitivo, afetivo e social ajudam no enfrentamento das transições familiares, favorecendo as crianças mais velhas e os adolescentes, como indicam estudos anteriores (Ramires, 2002; Schwartz, 1992).

Souza e Ramires (2006), ao analisarem as concepções de crianças e adolescentes (5-15 anos) sobre o amor na família, casamento e separação, enfatizam que eles identificam o amor como o elo nas diferentes categorias de relacionamento – pais-filhos, amizades e relacionamentos românticos – que acaba sendo mais discriminado ao longo das idades.

O vínculo conjugal pode ser entendido como algo reversível pelas crianças em torno de 10 anos de idade. A partir dessa faixa etária, elas começam a reconhecer os sentimentos como um estado interno que leva a uma ação e a um relacionamento. Dos 10 aos 12 anos, elas conseguem compreender os processos internos das pessoas e a interligar esses estados com os sentimentos dos outros por meio de um pensamento mais abstrato e hipotético. Além disso, a partir dos 10 anos, começam a assumir os sistemas comportamentais de afiliação e o sexual. A partir dos 12 anos, apresentam sistema sexual excluído do amor pais-filhos e conseguem identificar a diferença entre esse amor e o romântico.

Constata-se que, entre 14 e 15 anos, os adolescentes apresentam um aprofundamento e maior compreensão da complexidade de sentimentos e motivações incluídos nos vínculos amorosos, com inferências de afeto mais precisas, abstratas e amplas. Nessa faixa etária, eles têm maior capacidade discriminatória para compreender as contradições e os processos internos e, consequentemente, uma percepção mais amadurecida dos conflitos conjugais.

Em relação ao casamento e à separação dos pais, Souza e Ramires (2006) enfatizam que, em todas as faixas etárias, a noção do vínculo conjugal aparece baseada no amor romântico. Considera-se que a conjugalidade é motivada pelo gostar/amar e inclui a possibilidade do conflito que gera a separação. Aos 5 anos de idade, a causa do rompimento conjugal é atribuída a um "terceiro que mandou", e, aos 7 anos, a criança compreende que um estado interno pode gerar um comportamento. Aos 10 anos, quando aparece a diferenciação entre o amor romântico e o conjugal, ela é capaz de compreender melhor a dimensão conflituosa.

Na adolescência, o conflito está associado ao deixar de amar. As razões da separação passam a ser o desgaste da convivência, a falta de comunicação e a traição. Os jovens começam a perceber a complexidade conflituosa do amor e a suscetibilidade às mudanças e transformações presentes no relacionamento amoroso, subjacentes aos vínculos conjugais.

Szelbracikowski e Dessen (2007), na revisão da literatura sobre os problemas de comportamento exteriorizado e as relações familiares, estabelecem as práticas parentais e o nível de estresse conjugal como determinantes dos padrões de interação em famílias casadas e recasadas. Elas enfatizam que os valores e as crenças parentais constituem o principal ponto de expressão da cultura social nas famílias e acrescentam que a família tem a função de transmitir para os filhos o significado da cultura em que vivem. Assim, pode-se considerar que cada família representa uma cultura particular, ou seja, é uma unidade que produz modos específicos de comunicar-se com o mundo externo e avaliar suas experiências. Como conclusão do estudo, as autoras assinalam a importância de as pesquisas psicológicas no Brasil desenvolverem investigações sobre os fatores ambientais e genéticos, uma vez que os padrões das interações e relações familiares das crianças brasileiras são distintos (Dessen e Torres, 2002) e podem ser uma das principais fontes de risco para o desenvolvimento de problemas cognitivos e emocionais dos filhos.

Finalizando, Moura e Matos (2008) desenvolveram um estudo em que pretenderam identificar as variações na qualidade da vinculação dos filhos com os pais em função da estrutura das famílias (intactas e divorciadas) e do conflito interparental e, para isso, analisaram as diferenças de gênero dos adolescentes (14-18 anos) e das figuras parentais. Os resultados demonstram que o divórcio afeta mais o relacionamento do jovem com a figura paterna e que o conflito interparental surge como a variável de maior determinação na vinculação com os pais, afetando a qualidade do laço emocional com ambas as figuras parentais, independentemente da estrutura familiar.

Diante do levantamento bibliográfico e dos resultados da pesquisa sobre conflitos conjugais (Toloi, 2006) que apresento a seguir, pude constatar, nos relacionamentos e conflitos entre pais e filhos dentro das famílias, a influência e a coexistência de padrões e concepções denominados por Figueira (1987) de "arcaicos" e "modernos".

As concepções dos adolescentes sobre família e papéis familiares

As concepções de adolescentes paulistanos (13-16 anos) das camadas médias da população sobre família e papéis familiares que apresento a seguir foram retiradas dos sociodramas temáticos utilizados como procedimento de pesquisa em minha tese de doutorado sobre conflitos conjugais e descritos no capítulo 4 deste livro. Quarenta e cinco adolescentes criaram cenas familiares sobre conflitos conjugais e as dramatizaram por meio do teatro espontâneo, a fim de demonstrar como compreendem e enfrentam os conflitos entre os pais.

No total, foram representadas sete cenas familiares, sendo três desenvolvidas por filhos de pais de primeira união e quatro por filhos de pais separados/divorciados/segundo casamento. Antes de cada dramatização, os participantes construíram as histórias familiares "fictícias" e escolheram as vestimentas próprias para os personagens. As cenas foram dramatizadas espontaneamente, sem minha interferência.

Os aspectos aqui relatados, que foram retirados das cenas dramatizadas, são uma compreensão dos conteúdos, da dinâmica dos relacionamentos, das características dos personagens (pai, mãe, filhos, tios, avós, empregada, amantes e namoradas), da estrutura e constituição das cenas sobre as famílias casadas, separadas/divorciadas e de segundo casamento. A caracterização dos personagens e seus respectivos conteúdos de representação demonstram a concepção que esses jovens têm sobre família e os papéis familiares.

Na representação dos sociodramas, pude notar que o conteúdo e as expressões dos personagens foram bastante estereotipados e que havia narrativas agressivas e, algumas vezes, violentas. Essas cenas me levam a fazer algumas considerações. Em primeiro lugar, a participação no teatro espontâneo pode ter induzido os adolescentes a uma conduta exagerada, apesar de serem comuns o excesso e o radicalismo na expressão do conteúdo dos jovens (13-16 anos). Por outro lado, a própria fase de adolescência, em que o indivíduo busca a individuação/autonomia por meio do distanciamento/diferenciação dos pais, indica a presença de atitudes reivindicatórias com tendências antissociais intensas, ao mesmo tempo que apresenta contradições sucessivas de conduta (Aberastury e Knobel, 1981). Essas atuações são exacerbadas ou mesmo exageradas devido ao fato de ter surgido um espaço livre de expressão onde puderam ser manifestas.

Apesar disso, nas atuações estereotipadas dos adolescentes, emergiram conteúdos repletos de significações. A concepção que os participantes têm sobre família e papéis familiares foi observada na dinâmica das dramatizações livres e do conteúdo dos solilóquios (técnica do procedimento dramático em que o personagem fala, em voz alta, o que sente e pensa, no papel representado na cena) e em entrevistas com os personagens. Levando em conta o aspecto estereotipado dos comportamentos, o leitor poderá acompanhar a compreensão sobre a dinâmica das cenas e, a partir disso, identificar a concepção dos adolescentes.

As cenas 1, 2 e 3 são representações de casamentos de primeira união feitas por participantes/filhos de primeira união. As cenas 4, 5 e 6 são de famílias separadas/divorciadas e foram montadas por filhos de famílias da categoria separados/divorciados/segundo casamento. Por fim, a cena 7 é de uma família de segundo casamento e foi construída pelos filhos de pais separados/divorciados/segundo casamento.

Cenas representadas
Cena 1 – Família casada

A cena tem início na sala de estar da família. Num domingo às 3 horas da tarde, pai (Alberto, 38), mãe (Ana Paula, 36) e filhos (Rodrigo, 13, e Paulo, 10) estão assistindo na TV ao *Domingão do Faustão*. Eles brigam por causa do programa a ser visto. Na discussão, a mãe afirma que os filhos deveriam ir à casa de amigos caso quisessem assistir a outro programa.

A cena transcorre com brigas sobre programas de televisão e algumas atividades que a família "deveria fazer em conjunto" ou cada um individualmente. Na televisão, a mãe tem preferência por programas com uma *socialite* (Vera Loyola); o pai, por futebol, e os filhos não expressam suas preferências. As brigas ocorrem entre o casal e pais-filhos ao mesmo tempo.

O pai, com uma fala autoritária dirigida à esposa, aos filhos e empregados (apenas citados, pois não fazem parte da cena), afirma que está cansado e não gostaria de presenciar brigas. Depois chama os filhos para uma atividade conjunta (boliche), mas estes se negam a acompanhá-lo, pois preferem sair com os amigos. Nos momentos em que os pais perdem o controle das brigas, mandam os filhos para o quarto.

Os filhos apresentam falas de desabafo de que "não aguentam mais a família". Aparentam tristeza e distanciamento dos pais e afirmam que os pais só pensam em si próprios e que não dão atenção aos problemas da prole.

Cena 2 – Família casada

A cena transcorre num quarto de hospital. Mãe (Cristina, 39) e filho (Douglas, 16) sofreram um acidente de carro. A mãe estava dirigindo o automóvel da família, e ambos encontram-se levemente machucados, sem perigo de vida.

Mãe, filho e médica estão no quarto do hospital quando o pai (David, 40) e tia (Carolina, 32) chegam para visitá-los. O pai entra gritando com todos, lamentando a perda de um carro caro. A mãe apresenta-se calma e afirma que é a culpada pelo acidente, pois estava distraída ao volante. O casal briga sobre o ocorrido enquanto a médica tenta apaziguar os ânimos do pai, que agride e desqualifica verbalmente a esposa.

Após alguns minutos, toca o celular dele. É a ex-namorada/atual amante (Fernanda, 27), com quem ele conversa para marcar um encontro. Depois que ele desliga, a mãe pergunta quem era e ele afirma que falava com um amigo do escritório. Ela percebe que é mentira e inicia uma briga, seguida do pedido de separação. Diante disso, o pai se descontrola e puxa o filho para fora da cama hospitalar. Douglas (filho) cai no chão, enquanto o pai agride verbalmente a mãe. A médica pede silêncio e tenta controlar a situação, e a cena termina com todos gritando muito, ao mesmo tempo.

No dia seguinte, o pai entra no quarto tentando levar mulher e filho para casa. A esposa se recusa a sair com o marido, afirmando que não necessita mais dele. Este assume uma postura "vitimizada", alegando que estava muito nervoso no dia anterior. Ela afirma que quer se separar e irá para casa somente com o filho. Os pais iniciam a disputa sobre quem deverá ficar com o filho.

Cena 3 – Família casada

A cena inicia-se na sala de estar da casa. Mãe (Helena, 35), pai (Roberval, 42) e tio (Valdir, 38) estão discutindo sobre a constante presença de Valdir na residência da família. As filhas (Rebeca, 20, e Luana, 18) estão no quarto, preparando-se para uma "balada" com o amigo Salvador (20).

O pai agride verbalmente o tio, insinuando que a presença deste o incomoda, e eles começam a discutir. A mãe protege o irmão, afirmando que seu "irmãozinho querido" seria incapaz de fazer mal a alguém.

Rebeca e Luana estão de saída, e o pai reprova o tipo de roupa que elas usam (blusas com decote ousado e saias curtas). A mãe, em tom manso e persuasivo, tenta protegê-las, e, apesar dos gritos e das ameaças do pai de retirar o cartão de crédito das filhas, elas saem de casa contra a vontade dele, afirmando que o pai não as respeita. Nesse momento, o tio entra na discussão defendendo as duas jovens e desqualificando o discurso e a autoridade paternos.

O pai culpa a mãe pelo tipo de educação que as meninas receberam. Ele enfatiza que a esposa só pensa em compras e que as filhas têm parâmetros superficiais da vida. Por outro lado, a esposa o acusa de falta de atenção e negligência nos cuidados com a família.

A cena termina três meses após o ocorrido. Nesse momento todos estão se dando muito bem, sem conflitos aparentes nem discussões.

Cena 4 – Família separada/divorciada

A cena inicia-se na sala de estar. A avó materna (Vera Lúcia, 68) conversa com os netos (Júnior, 19, e Patrícia, 16). A empregada (Cleusa, 35) limpa a casa, ouvindo a conversa dos netos com a avó. A mãe (Joana, 47) está fora de casa, trabalhando em seu escritório. O pai (Álvaro, 52) está trabalhando numa obra.

Os netos se queixam de falta de dinheiro com a avó. Ela explica que, como não trabalha, não pode dar o que eles pedem e que deveriam pedir aos pais. Os irmãos discutem sobre seus pedidos: Júnior afirma que a irmã sempre quer algo supérfluo, enquanto Patrícia diz que sempre pede algo de grande importância para ela.

A mãe chega reclamando do cansaço de um longo dia de trabalho e ouve reclamações e pedidos dos filhos e da empregada. Ela tenta resolver as questões, mas, sem conseguir controlar a situação, acaba ligando para o pai dos jovens (ex-marido).

A cena toda gira em torno da questão econômica da família. Os pais demonstram ter dificuldades em administrar a divisão do dinheiro e em lidar com o conflito entre as prioridades nas demandas dos filhos e seus próprios interesses pessoais/particulares, apesar de demonstrarem amor e interesse pela prole.

Em relação às demandas dos filhos, as primeiras respostas dos pais indicam indisponibilidade: "não posso", "não tenho", "não consigo". Os filhos demonstram dependência econômica dos pais e tentam persuadi-los a atender a seus objetivos.

Quanto à madrasta, esta não aparece na cena. Ela apenas é mencionada no diálogo entre pai, mãe, filhos e avó. Os filhos competem com ela pelo dinheiro e pela atenção do genitor.

A avó materna aparece, inicialmente, para proteger os netos do conflito do ex-casal, mas tem sua ambiguidade evidenciada, pois de um lado aparece como figura apaziguadora e de outro como uma pessoa que critica o estilo de vida atual do pai. Essa crítica é gerada pela negligência do genitor em se manter provedor dos filhos de seu primeiro casamento, visto que ele já está no segundo. Essa situação acaba fomentando as discórdias entre o ex-casal.

Nos diálogos, o casal apresenta dificuldade de comunicação e disfuncionalidade nas resoluções dos conflitos. Pode-se observar um padrão repetitivo da mãe e dos filhos em sua insistência para que o pai resolva os problemas financeiros da família. Nessa questão, os filhos se aliam à mãe contra o pai, o que faz as discórdias aumentarem.

Diante disso, os filhos demonstram impotência e tristeza. Eles mencionam que poderiam tentar mediar a situação, porém sentem-se impedidos pela falta de atenção dos pais e dificuldade de comunicação com eles. No final da cena, todos pedem e gritam muito, e o pai acaba cedendo aos pedidos dos filhos.

Cena 5 – Família separada/divorciada

A cena transcorre na sala de estar da família, com a mãe (Letícia, 45), a avó materna (Ana, 67) e a filha (Desirée, 15) assistindo à televisão. Nesse momento, o pai (Humberto, 40) joga golfe com os amigos, e sua ex-amante/atual companheira (Janaína, 27) está numa praça pública, esperando-o para fazerem uma viagem.

A dramatização tem início com a filha pedindo dinheiro à mãe e à avó. Ela quer morar sozinha, mas precisa de dinheiro para comprar coisas e manter o mesmo padrão de vida. Ela afirma não "aguentar mais" a situação familiar. A avó argumenta que elas não podem corresponder aos anseios da neta, visto que a mãe é a única que trabalha e, além disso, ganha muito pouco em seu emprego de secretária.

No meio do diálogo, a mãe pega o telefone e chama o pai para resolver o problema. Ele entra na casa e inicia-se uma discussão, na qual a filha junta-se à mãe contra o pai.

A discussão transcorre num clima tenso em que todos falam ao mesmo tempo. O pai atende a uma ligação de sua atual namorada no celular. Esta reclama que o está esperando na praça há muito tempo. Quando mãe e filha percebem que é a namorada dele, elas se aliam e inicia-se a agressão verbal contra Janaína (namorada), enquanto o pai fala com ela ao telefone. Ao mesmo tempo, Janaína se apresenta de modo também agressivo, afirmando que a ex-esposa só quer o dinheiro dele e pretende explorá-lo.

Nos diálogos, a mãe chama o pai de "marido" e apresenta-se como submissa e vítima da falta de atenção dele. O pai também chama a mãe de "esposa" e expressa-se com violência verbal e autoritarismo, desqualificando todos os membros da família. Ele mistura as questões referentes à ex-esposa com os temas relacionados à filha. Admite que não dá atenção e carinho para a filha, não é um pai presente, porém gostaria que ela fosse independente economicamente e estudasse mais. Acrescenta que a namorada é a única pessoa capaz de dar-lhe carinho.

Quanto à avó materna, esta é desqualificada e ofendida pelo pai. Ela ouve e quase não expressa opinião. Quando fala, protege a filha contra as insinuações do ex-marido.

A dramatização termina sem nenhuma solução ou alternativa para as discórdias.

Cena 6 – Família separada/divorciada

A cena transcorre na sala de estar da família. Mãe (Gabriela, 48), filha (Juliana, 18), filho (Matheus, 16) e avó materna (Rafaela, 83) estão assistindo à televisão. Mãe e filha estão sentadas no sofá, a avó tricota numa poltrona e o filho joga *video game*. São duas horas da tarde de um sábado.

A cena inicia-se com a filha dizendo à mãe que ela fuma muito e deveria parar. A mãe não aceita a cobrança e responde de maneira rude e agressiva. O filho apresenta o boletim da escola com notas baixas, e a mãe chama-o de "irresponsável". Ela ameaça tirar o celular dele como castigo pelo fraco rendimento escolar.

O pai toca a campainha da casa. Ele está bêbado e convida o filho para ir ao *shopping*. A mãe não autoriza, e começa uma grande briga. A filha agride verbalmente o pai e o irmão. A mãe tenta castigar o filho, mas é interceptada pelo pai, que o protege. A filha alia-se à mãe contra o pai e o irmão. Como resposta, o pai afirma que vai levar o filho para morar com ele e em seguida agride verbalmente a avó materna, responsabilizando-a pela separação do casal.

No auge da briga, o grupo encerra a cena e, assim, termina a dramatização. Como final da história: a avó mata o pai e vai para a prisão por vinte anos. O filho sentiu a morte dele e a filha não foi ao enterro.

A cena ocorreu num clima tenso, um pouco hostil. Entre os participantes, a comunicação verbal foi bastante agressiva mesmo antes da dramatização.

Cena 7 – Família de segundo casamento da mãe

A cena transcorre na sala de jantar da família. É sexta-feira, a mãe (Carmina, 39), o padrasto (Paulo Saulo, 39) e os três filhos de Carmina (Álvaro, 16, Caio, 15, e Marília, 12) estão sentados à mesa, após o jantar.

Esse é o segundo casamento da mãe e a primeira união estável do padrasto. O casal mora junto há dez anos. Carmina conheceu Paulo Saulo (padrasto) na quarta série e o ex-marido na faculdade. Aparentemente, o casal vive bem. Carmina acredita que não vai se separar do segundo companheiro, pois ele a deixa segura quanto a isso, mas no fundo teme que ele se interesse por outras mulheres mais novas. Paulo Saulo gosta muito dos filhos da esposa. Ele paga as contas que não são cobertas pelo ex-marido e comporta-se como se fosse o pai das crianças, considerando-se um "excelente pai e marido". Além disso, valoriza a esposa, pois ela cuida da casa, cozinha bem e autoriza-o a ir ao pagode, mas somente com os filhos dela.

No início da cena, o padrasto arrota à mesa da sala de jantar, e a mãe reclama sobre a educação que ele está dando aos filhos dela. Álvaro (filho) pergunta ao padrasto qual será o programa da noite, e este afirma que irá a uma reunião no escritório. A mãe desconfia dessa reunião numa sexta-feira à noite. O telefone toca... É um amigo de escritório (Joaquim), chamando-o para uma reunião.

Quando ele desliga o telefone, a autora intervém na cena e, de improviso, passa a interpretar o papel do pai biológico dos filhos. Esse personagem não constava nos papéis iniciais deste grupo. A razão dessa intervenção foi verificar qual era o papel do pai no universo dos filhos que moram com a mãe e o padrasto de segundo casamento. A autora retoma a dramatização, no papel do pai biológico, telefonando para os filhos.

A mãe atende à ligação e o pai fala com os três filhos amigavelmente, tentando chamá-los para um passeio. Os três se recusam a sair e acabam marcando um encontro para o final de semana seguinte.

Ao perceber que os meninos estavam falando com o pai, o padrasto os chama para sair. Eles vão a um "prostíbulo" para encontrar algumas mulheres. Quando voltam para casa, inicia-se uma briga com a mãe sobre a saída deles. O padrasto afirma que a saída ocorreu como uma vingança pelo ciúme provocado pelo telefonema do pai aos filhos. A cena é finalizada com a mãe colocando o padrasto para fora de casa e os filhos saindo com ele.

Apesar da estereotipia das representações, os resultados demonstram as concepções sobre família e papéis familiares baseadas no ideal da família nuclear tradicional.

Características dos personagens

A maneira como os participantes desenvolveram e representaram cada um dos papéis familiares foi espontânea e livre, desde os momentos iniciais, na escolha das vestimentas, até o final de cada dramatização. Por meio do acompanhamento desse processo, pude levantar os aspectos comuns aos personagens nas sete cenas e delinear as principais características presentes em cada um dos papéis representados nas diferentes configurações familiares. A seguir, são descritas as características próprias e específicas desses papéis.

Na representação da família casada – As diferenças de gênero nos papéis familiares são bastante evidenciadas. Elas são observadas, dentro da configuração hierárquica da família nuclear tradicional, nos relacionamentos entre os pais e entre pais e filhos e nas expectativas quanto a eles.

Na separação/divórcio – As diferenças de gênero são menos hierárquicas, tendendo a ser igualitárias. Elas são evidenciadas, nos temas de interesse do cotidiano, no modo como os personagens se relacionam com o mesmo sexo e o sexo oposto e nas expectativas que eles têm.

O pai provedor no casamento – Ele tem entre 38 e 40 anos, é empresário, fazendeiro ou minerador. Apresenta-se como uma figura vaidosa, egoísta, controladora, dominadora e preocupada com seus interesses pessoais e de trabalho. Em casa é autoritário com a mulher, os filhos e empregados, determinando como as pessoas devem se comportar. Passa a maior parte do tempo no trabalho e reconhece que deveria dar mais atenção à família. Queixa-se de cansaço e sente-se sobrecarregado, pois é o único da família que trabalha, arcando com todas as despesas da casa.

Reconhece a esposa como uma parceira perfeita ao considerar os cuidados para com ele e a casa. A educação dos filhos fica a critério da genitora, mas ele passa a culpá-la pelo que avalia como disciplina inadequada. Insinua ter um relacionamento sexual pouco satisfatório na conjugalidade e sente angústia e frustração, que procura superar com amantes.

Considera ter um casamento estável e feliz, apesar de já ter tido relacionamentos extraconjugais, que não interferiram na conjugalidade. Em geral, comporta-se de maneira gentil com a esposa e só demonstra hostilidade quando ela gasta mais dinheiro do que ele gostaria. Sente-se solitário dentro da família e questiona o amor dos filhos. Quando uma relação com uma amante se torna mais explícita, tenta enganar a esposa afirmando que se trata de um colega de trabalho, porém ela percebe a mentira. Nessa situação, ela apresenta duas atitudes: finge que não sabe nada ou reivindica a separação do casal.

Ele apresenta-se como uma figura distante da mulher e dos filhos. Quando os filhos reclamam sua ausência, ele os chama para uma atividade/passeio, porém eles se negam a acompanhá-lo, pois preferem outras atividades com os amigos. No momento em que isso acontece, ou seja, em que os filhos não cumprem suas "ordens", o pai impõe uma punição, suspendendo o cartão de crédito ou privando-os de compras. Nos diálogos com os filhos do sexo masculino, utiliza um discurso coercitivo que os desqualifica/desmoraliza, o que não acontece com as filhas/mulheres. Manifesta interesse em ficar com os filhos no caso de separação.

O pai que tenta ter uma vida de solteiro na separação/divórcio – Ele tem entre 40 e 52 anos e é um empresário bem-sucedido ou funcionário de alto escalão de uma grande empresa. É casado pela segunda vez ou tem uma namorada entre 20 e 27 anos. Aparenta ser uma pessoa egoísta, vaidosa e preocupada com a aparência física, colocando grande ênfase na temática sexual. Considera-se satisfeito com sua vida pós-separação, apesar de ter problemas com a ex-mulher e os filhos devido às questões econômicas e por dispor de pouco tempo para dar atenção a todos. Demonstra bom relacionamento com a atual companheira/namorada/esposa, porém tem algumas dificuldades para conciliar os compromissos de seu atual estilo de vida com as responsabilidades com a ex-mulher e os filhos. Também tem problemas para lidar com as disputas entre os filhos e a ex-esposa com a parceira do momento.

Considera ter um bom relacionamento com os filhos do primeiro casamento e culpa a mãe deles pelos problemas do cotidiano. Percebe que sua ex-mulher está passando por um período difícil, mas não sabe o que pode fazer para ajudá-la. Não pretende ter mais filhos. Em alguns momentos sente tristeza e desalento devido à falta dos filhos e à impossibilidade de estar com eles por um período maior. Alguns pais com esse perfil expressam o desejo de obter a guarda do filho, mas isso parece difícil de conseguir.

A mãe cuidadora no casamento – Ela tem entre 29 e 36 anos e é dona de casa. No desempenho de seu papel, mostra-se egoísta, um pouco fútil e superficial quanto aos temas de seu interesse no cotidiano.

É carinhosa, tolerante, paciente, dependente, com pouca autonomia de decisão, ou mesmo submissa ao marido. Casou-se muito jovem e sempre contou com a ajuda de seus familiares nos cuidados dos filhos pequenos. Considera ter um bom casamento apesar de reclamar que o marido é ausente nos cuidados e na atenção com ela e os filhos. Procura preencher o vazio afetivo da conjugalidade com os cuidados da prole. Em alguns momentos, utiliza um tom de voz baixo e suave para conduzir um "jogo" de interesses e/ou "chantagem" com o marido e conseguir o que quer.

Ela sente-se protegida na conjugalidade apesar de já ter tido um relacionamento extraconjugal, que, contudo, não abalou seu interesse em manter o casamento. Admite a ideia de infidelidade do marido somente se isso ocorrer de maneira discreta, sem o seu conhecimento. Quando descobre a infidelidade, aparenta tristeza e desilusão com a perda do amor de sua vida. Decide-se pela separação/divórcio como única forma de conviver com a perda de confiança no parceiro e/ou término dos anos de tolerância e submissão conjugal.

Quanto aos filhos, mostra-se atenta ao desejo de eles adquirirem bens materiais sem considerar outros interesses/necessidades da prole. Na relação com eles, apresenta uma dualidade: ora tenta impor sua vontade utilizando ameaça verbal e um discurso coercitivo, ora aparece compreensiva e superprotetora, chegando a infantilizá-los. Nos diálogos com as filhas/mulheres, mostra-se mais íntima e companheira, o que não acontece com os filhos/homens.

A mãe cuidadora/provedora na separação/divórcio – Ela tem entre 45 e 48 anos, é separada há 5-10 anos, não tem namorado ou outro relacionamento e é advogada, secretária ou sua profissão não é mencionada. Inicia as cenas demonstrando estresse quanto à sobrecarga doméstica em função da saída do marido de casa.

A figura materna trabalha o dia inteiro fora. A dupla jornada de trabalho (casa e profissão) a deixa estressada, sem ânimo para lidar com as dificuldades do cotidiano.

Ela tenta resolver as demandas que lhe são apresentadas, mas sente-se impotente. Expressa que deseja ser mais dedicada aos filhos, porém o trabalho e o cansaço a impedem de estar presente.

Demonstra fortes discordâncias com o ex-cônjuge relativas à criação dos filhos. Apresenta-se como defensora dos interesses deles, mas em certos momentos esses interesses se confundem com os seus. Em alguns casos, cuida da mãe idosa e viúva, que sempre a ajudou no cuidado dos filhos pequenos. Manifesta um padrão repetido e constante de responsabilizar o ex-marido pelas dificuldades que encontra para estabilizar seu cotidiano. Culpa a namorada/companheira do ex-marido pelo pouco dinheiro e atenção que o genitor dá aos filhos.

No relacionamento com a prole, tenta corresponder a todas as demandas/necessidades e/ou exigências deles, porém a tensão emocional provocada por sua própria exigência e solidão a impede de identificar alguma alternativa para a situação. Não consegue lidar sozinha com a educação/criação dos filhos visto que o pai parece ocupado em organizar sua vida pessoal no pós-separação. Sente-se só, desamparada e triste, sem esperanças de melhorar sua vida.

Nos diálogos com os filhos, apresenta cumplicidade com eles na tentativa de obter atenção e ajuda econômica do ex-marido. Trava uma forte disputa com a namorada/companheira dele.

Filhos/homens no casamento – Eles têm entre 10 e 16 anos e são estudantes. Alguns são bons alunos, praticam esporte, gostam de estudar e/ou ouvir música. Outros se mostram revoltados, rebeldes, não gostam de estudar, não praticam esporte, não têm amigos e se isolam frequentemente no quarto.

Apresentam queixas sobre a ausência do pai e a distância da mãe. Consideram que ambos só pensam em si mesmos e não se preocupam com os problemas da família.

Eles expressam tristeza, solidão e, em alguns momentos, sentimento de estranheza na família. Nessa situação não conseguem identificar outra alternativa a não ser trancarem-se no quarto. Quanto à possibilidade de separação dos pais, acreditam que seria doloroso ter de escolher com quem ficar, mas acreditam que iriam morar com a mãe.

Filhos/homens na separação/divórcio – Eles têm entre 16 e 19 anos, são estudantes, moram com a mãe, avó materna e irmã e não têm namorada. Um deles é bem próximo do pai e considera a mãe "chata". O outro não expressa nenhum comentário negativo a respeito do genitor, mas se alia à mãe contra o pai e a madrasta quando o tema é dinheiro. Acreditam que o pai esteja bem com a atual mulher mas se queixam da pouca atenção dada a eles.

Eles não se interessam pelas irmãs ou por qualquer assunto considerado "feminino". Não dão atenção aos temas que provocam discórdia entre os pais e não falam sobre isso com ninguém, nem mesmo com os amigos. Com o pai e/ou amigos conversam sobre futebol e mulheres.

Filhas/mulheres no casamento – Elas têm entre 18 e 20 anos, são estudantes e não têm namorado. Uma faz faculdade e pretende seguir uma profissão. Define-se como rebelde, gosta de fazer compras com a mãe e ir a "baladas". A outra terminou o colegial, não pretende estudar nem trabalhar e quer apenas "curtir a vida", viajar com a mãe e a irmã e fazer compras.

Ambas se queixam da ausência do pai, porém o tio materno compensa o vazio deixado por aquele. Consideram que a mãe se interessa pelo dinheiro do pai e veem o genitor como figura mais envolvida amorosamente na conjugalidade, porém de difícil expressão. Demonstram alegria em pertencer à família e não identificam conflitos entre os pais.

Filhas/mulheres na separação/divórcio – Elas têm entre 15 e 16 anos, são estudantes, moram com a mãe, a avó materna e o irmão e não têm namorado. Não gostam de estudar – frequentam a escola por imposição dos pais. Preocupam-se em comprar roupas e "aproveitar a vida". Elas mantêm uma distância afetiva do pai e apresentam pouco interesse pela vida dele pós-separação. Por um lado, valorizam a figura materna por ser a maior responsável pela criação da prole, mas, por outro, criticam sua maneira de tomar decisões e/ou seu relacionamento com o genitor.

Nas disputas do ex-casal, algumas vezes se aliam à mãe contra o pai e/ou a madrasta/namorada/companheira. Em outras situações, aliam-se ao pai, mas sempre de acordo com os próprios interesses. Consideram difícil a convivência familiar e, quando as discórdias acontecem, não interferem, mas se isolam ou saem de casa. Uma delas acredita que os pais estariam em melhores condições se estivessem casados.

Família extensa e amante/namorada do pai

Avó materna – É viúva, mora com a filha desde o nascimento do primeiro neto ou falecimento do marido. Cuida dos netos desde pequenos e se alia à filha para defender os interesses dela contra o ex-marido. Ao interferir no relacionamento do ex-casal, acaba recebendo respostas hostis e agressivas do ex-genro.

Tio materno – Tem 38 anos, é solteiro, não tem namorada e é contrabandista. Gosta da irmã e das sobrinhas e por isso visita diariamente a família. Acredita que o cunhado não goste de sua presença na casa, porém a irmã o protege das agressões verbais vindas daquele.

Tia materna – Tem 32 anos, é solteira, mora com a família há 16 anos, desde que o primeiro filho do casal nasceu. Ajudou a irmã a cuidar do sobrinho quando pequeno e atualmente a aconselha a se separar do marido.

A amante do pai no casamento – Tem 27 anos e é uma advogada solteira. Mantém o relacionamento com o amante, mas pretende terminar a relação, pois acredita que ele não esteja dando atenção suficiente para ela. Afirma que não pretende ficar com ele caso se separe da esposa visto que se sente responsável pelas brigas e não quer "desfazer" uma família.

A namorada do pai na separação/divórcio – Tem 27 anos, é solteira e com profissão indefinida. Foi amante do pai enquanto ele estava casado. Apresenta uma fala rude e agressiva com relação à ex-esposa. Não demonstra sensibilidade quanto às questões da família e se interessa apenas em viajar com o namorado.

Dinâmica dos relacionamentos familiares

Nas dramatizações, os jovens apresentaram famílias com padrões hierárquicos rígidos que nos levam a identificar um processo defensivo, típico da adolescência, e/ou um momento de denúncia de uma realidade em que há pouca ou nenhuma possibilidade de expressão e interlocução. Isso pode ser compreendido de acordo com a perspectiva adotada por Campos (2002) de que o exercício do pensamento lógico do adolescente leva-o a atitudes polêmicas para defender-se, exercitar o jogo de palavras que o fascina ou exibir-se tentando mostrar-se intelectualmente capaz e conhecedor do contexto. Essa fase também se caracteriza pela busca da própria identidade, com os intensos questionamentos dos padrões sociais vigentes constituindo-se em parte de sua atuação na realidade, em função do processo de diferenciação dos pais (Aberastury e Knobel, 1981).

Na representação dos papéis familiares constituídos pelos jovens, podemos também identificar que as performances apresentaram conteúdos de delação da "realidade" vivida, sentida e percebida ou indicaram reações de fuga diante das dificuldades de distinção e expressão dos conteúdos dolorosos pertinentes aos próprios conflitos. Na tentativa de evitar uma temática que pudesse remetê-los a diversas sensações e sentimentos de experiências angustiantes, foram direcionados, pela estereotipia e pela violência, a situações de que não conseguiram "dar conta" ou não foram capazes de elaborar explicações ou finalizações mais coerentes para as denúncias dos conflitos apresentados.

Nas dramatizações, as sete cenas terminaram no auge dos conflitos. Esse tipo de finalização pode indicar a falta de recursos internos para encontrar uma alternativa mais pacífica para as cenas. Outro aspecto a ser considerado é o fato de que a fuga dos conteúdos emocionalmente carregados ou mesmo as histórias vividas no cotidiano, em que falta ajuda pessoal e concreta por parte da família, impediram esses jovens de propor algo fora do caótico.

Considerando as cenas representadas por eles, sobre famílias de primeira união, encontramos basicamente a concepção de família de classe média formada por unidades heterossexuais, em relações hierárquicas, e composta por um pai provedor, uma mãe cuidadora e um ou dois filhos dependentes economicamente dos pais. Essa configuração também corresponde à da chamada *família moderna*, na qual a conjugalidade é exercida por um homem provedor e uma mulher cuidadora no sustentáculo do desenvolvimento infantil saudável. Corresponde também à da chamada *família típica* na narrativa dominante descrita nos livros infantis, na mídia e nas expectativas de muitos técnicos e teóricos (Souza e Ramires, 2006).

Nas famílias separadas/divorciadas, a configuração familiar foi de pai e mãe morando em casas separadas e os filhos sempre vivendo com a mãe. Houve um paradoxo quando, apesar de o pai ter outro novo relacionamento (namorada) ou casamento (companheira), os personagens utilizaram nos diálogos termos e expressões que seriam empregados se o ex-casal ainda estivesse casado. No segundo casamento da mãe (cena 7), os diálogos expressaram a situação da família nuclear de origem (primeiro casamento).

Tanto em famílias separadas (cenas 4, 5 e 6) em que as mães não tinham namorado nem parceiro quanto na cena 7, de segundo casamento da genitora, as falas dos personagens desconsideraram a separação dos casais. Todos se relacionaram como se o pai ainda estivesse morando com a mãe. Na cena onde existia o padrasto, os filhos colocaram-no no lugar do pai. No desenrolar espontâneo das falas, os jovens deixaram transparecer a ideia de que os casais viviam o "aqui" e "agora" das cenas como se pertencessem a uma família nuclear de primeiro casamento. Esse tipo de configuração é composto por um pai provedor e uma mãe cuidadora que mantém um padrão conservador e hierárquico nos relacionamentos do cotidiano.

Nas cenas das famílias separadas (4, 5 e 6), podemos observar que as mães, diante da impossibilidade de solucionar as questões econômicas do cotidiano, também mantêm o padrão de resposta típica das esposas de primeira união, visto que a primeira alternativa delas para resolver os problemas da casa é chamar o ex-marido, como reproduzido a seguir.

Cena 4 – Mãe separada chegando em casa e ouvindo os filhos pedir coisas: "Hoje não quero problema, já vou ter que ligar pro pai de vocês. Eu vou resolver, vou ligar pro pai de vocês".
Cena 5 – Mãe separada descrevendo o contexto familiar: "Eu preciso pagar muitas contas, meu marido nunca está presente. Eu sou secretária e não ganho muito dinheiro, então preciso sustentar a casa inteira, porque meu marido tem outra".
Cena 6 – Mãe separada sendo entrevistada: "Outra coisa difícil na vida é o relacionamento 'com o infeliz do meu marido'".

O mesmo padrão se repete com a mãe de segundo casamento. Nesse contexto, o pai biológico fica sem função na família, especialmente por deixar de ser o provedor da prole, como pode ser constatado a seguir.

Cena 7 – Mãe de segundo casamento sendo entrevistada pela autora:
Autora: "A senhora sabe que é pouco o que ele [pai biológico] paga para os filhos, que precisariam de mais. E quais são as garantias que a senhora tem de que ele [padrasto] agora vai pagar todas as contas de seus filhos?"
Mãe: "Porque ele diz pra mim que sempre vai pagar, que sempre vai tá do meu lado".

Os ex-casais utilizam os termos "marido" e "mulher" ao se referirem aos ex-cônjuges visto que, mesmo separados, eles apresentam expectativas quanto aos cuidados com a prole, específicos dos casamentos que já não existem mais. Até mesmo a atual namorada do pai se refere à ex-esposa como sendo a "mulher dele".

Cena 5 – Namorada do pai separado sendo entrevistada pela autora: "Eu gosto muito do meu atual namorado, sabe? Só que eu acho que a mulher dele se intromete".

Na ausência de novos nomes e parâmetros para a vivência das configurações familiares contemporâneas, os jovens repetem os padrões conhecidos por eles. Diferentes autores assinalam que o padrão disfuncional das famílias cujos pais se casaram novamente é explicado, em grande parte, pelo equívoco de analisar esse novo núcleo familiar com base em pressupostos do modelo original, ou seja, da família nuclear (Wagner, Falcke e Meza, 1997; Hetherington, 1999; Hetherington e Kelly, 2002; Souza e Ramires, 2006). Nas dramatizações, os movimentos familiares visaram a manter essa configuração tanto para filhos de pais de primeira união quanto para os de pais separados/divorciados/segundo casamento.

Como mecanismo de manutenção do ideal de família nuclear, os participantes demonstraram dificuldades em identificar conflitos intrínsecos à díade conjugal. Eles consideram que conflitos geram separação; portanto, se não há separação, não existem conflitos. Os filhos reconhecem e sentem a distância paterna, mas isso é considerado um aspecto usual no convívio familiar. A ausência do pai é incorporada na família sem que seja realizado nenhum movimento para tentar trazê-lo para mais perto. Por outro lado, os filhos também não têm nenhuma expectativa de que isso possa acontecer. O pai distante parece ser o esperado para todos os membros das famílias de primeira união. A efetiva distância/ausência do pai, assim como todos os demais temas conflitantes presentes nos relacionamentos, só é reconhecida no contexto de separação.

Figura paterna

O pai provedor é a figura principal e centralizadora dos temas na família casada. Ele é reconhecido por meio da exposição de suas próprias expectativas, das expectativas da mãe e dos filhos. Aparece quando ocorre a falta de alternativa e de possibilidades de resolução das questões econômicas da família, considerada o tema principal dos conflitos conjugais.

Cena 1 – Pai casado falando com os filhos: "Pensa o quê? Quem manda nesta casa aqui sou eu. Eu sou o homem da casa... Eu pago as contas".

Essa posição o habilita a adotar uma atitude hegemônica e hierárquica no núcleo familiar. Desde a Primeira República, a figura paterna tem assumido o papel de domínio e poder sobre as relações domésticas e propriedades da família, e isso é constatado na elite paulistana e nas camadas média e alta da cidade de Salvador (Samara, 1983; Souza, 1992 e Oliveira, 1999). Na denominada "família patriarcal", a solidariedade e o regime de poder se estruturavam em torno de um membro mais velho, o qual os demais consultavam sobre questões conjugais e a quem prestavam deferências (Azevedo, 1961). O pai provedor também acaba sendo o responsável em proporcionar o melhor para toda a família.

Cena 1 – Pai casado sendo entrevistado: "Porque eu trabalho todo dia, trago o feijão de todo mundo, trago a comida pra casa, pago as contas, então eu que mando".

Há uma aparente submissão àquele que deve prover as necessidades e corresponder aos desejos e anseios de todos. O fato de o pai provedor não corresponder ao que é esperado dele acaba lhe impondo uma enorme responsabilidade que o impede de vivenciar/expressar a intimidade do acolhimento familiar no cotidiano. Sem conseguir esse espaço afetivo e sendo pouco habilidoso na conquista da esposa e dos filhos como companheiros, volta-se para outros interesses fora da família, como a valorização/o excesso de trabalho e/ou procura de outras mulheres.

Cena 1 – Pai casado conversando com o filho:
Pai: "E aí, Rodrigo, vamos ao boliche, vamos lá?"
Filho: "Não, já combinei com os meus amigos. A gente vai num *show* daqui a pouco".
Pai: "Isso não me interessa... No meu tempo era assim. O meu pai dizia e os filhos faziam. Vamos lá pro boliche... Vai, vamos... Que saco! Eh, molequinho bobo".

Cena 3 – Pai casado fazendo solilóquio: "É uma coisa meio triste... Minhas filhas não gostam de mim. Acho que minhas filhas não dão importância para mim, só para o meu trabalho". Sobre o trabalho: "Sou dono de fazenda. É... tenho umas cabeças de gado, sabe? Praticamente eu fico por lá um mês, aí eu fico em casa um mês. Aí eu vou para casa no final de semana". Sobre relações extraconjugais: "Eu tive duas... assim... fora do casamento".

Os filhos são evitados fora do núcleo familiar. Como anteriormente mencionado sobre a família brasileira na Primeira República, a intromissão do Estado no espaço privado se faz para proteger os interesses socioeconômicos do núcleo familiar, privilegiando as relações de consanguinidade a fim de preservar os bens e as propriedades do casal (Azevedo, 1961; Samara, 1983; Souza, 1992, e Oliveira, 1999). Assim, os bens materiais do casal ficam preservados se os filhos são gerados apenas dentro do modelo tradicional. Isso é o que demonstram os jovens desse grupo. De certa maneira, pelo que foi expresso nas dramatizações, considero que esses valores estão ainda preservados no imaginário dos jovens.

Cena 3 – Pai casado sendo entrevistado:
Autora: "O senhor tem outros filhos de outros relacionamentos além dessas duas filhas nesse casamento?"
Pai: "Não, eu quase tive, mas mandei abortar".

Por outro lado, o pai provedor expressa seu desejo de autonomia financeira/amadurecimento/crescimento dos filhos, apesar de não discriminar as práticas educativas adequadas para conduzi-los a tal objetivo. Desde a Primeira República, em algumas regiões do país, o genitor da "família patriarcal" (Azevedo, 1961; Samara, 1992) se responsabiliza por todos os espaços de domínio doméstico, inclusive os cuidados da prole (Oliveira, 1999), porém sem o convívio cotidiano com a família, visto que se dedica especialmente ao espaço público. A pouca convivência com os filhos o faz ter dificuldades em discriminar os procedimentos educacionais pertinentes ao processo de amadurecimento/crescimento da prole. Diante disso, atribui à mãe cuidadora a responsabilidade dos "maus cuidados" com os filhos.

Cena 3 – Pai casado falando sobre o que fazer para que as filhas lhe obedeçam: "Eu vou dar mais dinheiro". Sobre a responsabilidade e os problemas educacionais das filhas: "Fico meio decepcionado com a criação que a minha mulher deu pra elas". Falando das filhas para a mãe: "Você que educou elas mal, viu... Aquelas suas duas filhas..."

Cena 5 – Pai sendo entrevistado: "É... eu sou um pai assim... Eu queria que ela [filha] fosse mais independente, sabe? Ela depende muito de mim, do meu dinheiro, e não é bem assim. Acho que ela tem que ser mais independente, estudar mais... Olha, eu nunca vi um boletim dela". Sobre o trabalho da filha: "Mesmo aquele trabalho assim... daqueles em que mal trabalhe, mas que ela pelo menos ganhe 100 reais. Passeando com cachorro, catando cocô na rua, mas mostrando pra mim que está trabalhando".

Como no ideal da família nuclear tradicional existe espaço apenas para um só pai provedor, na separação/divórcio o pai biológico acaba sendo excluído e o padrasto preenche o lugar dele no formato do ideal paterno. Na cena 7, em que se dramatiza uma família de segundo casamento da mãe, com três filhos do primeiro marido, e de primeiro casamento do padrasto, sem filhos, as crianças chamam o padrasto de "pai", a mãe se refere a ele como "o pai" da prole e ele chama as crianças de "filhos".

Cena 7 – Padrasto fala sobre suas saídas de casa: "Quando ela não quer, eu vou sozinho ou então vou com meus filhos". Sobre os filhos da esposa: "Sou um excelente pai. Acho que sou melhor pai do que marido... Sou um marido bem legal". Álvaro (filho) falando sobre o padrasto: "Meu pai, meu padrasto na verdade, mas eu considero um pai..." Marília (filha) falando sobre como o padrasto reage quando ela faz bagunça: "Meu pai me põe de castigo... meu padrasto". Sobre como ela (filha) se sente com a distância do pai biológico: "Tá bom vivendo assim..."

O movimento de todos os membros para configurar uma família nuclear fica bastante evidenciado. De qualquer modo, a substituição do pai foi a maneira como os adolescentes se "deram conta" da escassez da figura paterna. Eles demonstraram sofrimento diante da ausência do genitor, porém sem nenhuma alternativa de resolução.

Figura materna

A mãe cuidadora, na família casada, tanto no primeiro quanto no segundo casamento, se expressa por meio da própria concepção sobre seu papel na família. O papel de cuidadora também faz parte das expectativas dos filhos e do marido quanto à sua inteira dedicação à orientação da prole, preservação da casa e da conjugalidade.

Cena 1 – Pai casado sai com o filho e fala para a esposa: "Fica preparando o jantar". Ela responde: "Tudo bem". Pai: "Quando eu voltar, quero que a comida esteja aqui, hein!"

Cena 2 – Mãe casada na autoapresentação: "Eu sou uma pessoa extremamente calma, adoro coisas organizadas e cuido bem dos meus filhos".

Cena 7 – Mãe falando sobre as divisões de tarefas com o primeiro marido: "Eu cuido da escola, da educação deles [filhos]... Ele paga pouca pensão". Caio (filho) falando sobre a razão de a mãe não ir a festas: "[Ela não vai] porque tem que ficar em casa cuidando dela [irmã mais nova], cuidando da casa... Minha mãe sempre gostou de ficar em casa arrumando as coisas".

Quando a mãe não cuida da casa, o marido sente isso como desprezo.

Cena 2 – Pai falando sobre o relacionamento: "Ela fala que eu sou muito machista, mas ela não faz as coisas pra mim. Eu chego em casa e não tem comida... Ela tem que estar no fogão, poxa... Eu peço pra ela fazer alguma coisa pra comer, aí ela também fala que está cansada, poxa! Eu acho que ela tem que viver em função do marido".

Na família divorciada, com a saída do pai, a mãe (sem padrasto) passa a ser a figura central, e sua vida e suas dificuldades econômicas são os temas mais abordados por todos.

Nas duas configurações familiares (casada e separada/divorciada), as mulheres escolheram "bons provedores" para criar a prole e se sentirem seguras. Féres-Carneiro (1997), em um estudo sobre o processo de escolha amorosa nas camadas médias da população, assinala que na escolha dos parceiros as mulheres heterossexuais demonstram alto nível de exigência e preferência pelos atributos "competência profissional" e "capacidade econômica", em função de certa dependência deles. Nas cenas dramatizadas, a mãe dependente foi estabelecendo diferentes alianças com os filhos, colocando-se na mesma posição hierárquica de dependência que a prole.

Filhos

Os filhos se apresentam como figuras dependentes exclusivamente do núcleo familiar, incluindo a família extensa (tios, avó etc.), e demonstram não ter condições de identificar os caminhos que poderiam levá-los a uma maior autonomia econômica e emocional. Para o jovem, o não estabelecimento da relação entre sua capacidade cognitiva e a autorrealização, devido às dificuldades de reconhecer seus próprios limites, o mantém num ideal de conquista irreal (Campos, 2002).

Cena 1 – Filho sendo entrevistado: "Pô, meu, eu só quero curtir a minha vida, meu!"
Cena 3 – Depois que a filha brigou com o pai, ela diz: "Eu vou morar com o meu tio, porque o meu tio sempre me apoiou no que eu queria... Ele sempre dá dinheiro".
Cena 4 – Neta conversando com a avó: "Não... sabe... eu sei que meu pai me dá as coisas, mas sabe... eu preciso de uma bolsa Versace... Ela é muito linda... Tá bom... Se não puder dar isso, então um perfume Gucci..."

Por outro lado, no convívio familiar os filhos não conseguem perceber como poderiam atingir a esperada autonomia, pois os pais são superprotetores e dificultam seu crescimento. Em estudos realizados com crianças e adolescentes brasileiros, Souza (*apud* Souza e Ramires, 2006) constata, na adaptação ao período pós-separação, que os pais têm uma imagem fragilizada dos filhos, que acabam sendo vítimas da superproteção.

Cena 1 – Mãe casada falando com o filho de 13 anos: "Você não quer nada pra comer, não?" O pai tentando convencer o filho a sair com ele: "Quer que eu chame os seus amiguinhos?" A mãe para o filho: "Depois a gente pode passar em alguma loja, assim eu compro algumas coisas pra você".
Cena 3 – Pai dando bronca nas filhas porque elas querem sair vestindo roupas que ele desaprova. A mãe faz uma intervenção, dizendo: "Elas são lindas... são os meus bebezinhos... mas são duas criancinhas, coitadas... Eu comprei essas roupas pra elas, tá? Deixa elas se divertirem, amor... mas você vai dar dinheiro pras nossas filhas? Cartão de crédito ilimitado?"

Eles exigem soluções dos pais e responsabilizam a figura paterna pela falta de possibilidades nas resoluções dos diferentes contextos de vida. Essas atitudes se devem, por um lado, à imaturidade da faixa etária, aos anseios de independência e à luta por uma identidade diferente daquela dos pais e, por outro, às dificuldades para resolver situações cotidianas, o que é comum na fase de desenvolvimento dos adolescentes (Aberastury e Knobel, 1981).

Cena 5 – Filha de 15 anos sendo entrevistada: "Não quero ficar em casa com meus pais. Eu quero sair de casa; eu quero ter um apartamento só meu; quero morar sozinha. Não saio porque o meu pai não me dá dinheiro". Insistindo muito com o pai: "Eu quero meu dinheiro, pai... Eu quero meu dinheiro para sair desta casa". Falando com a avó: "Não quero nem saber, vó... eu quero meu dinheiro. Cadê o meu pai? Eu quero conversar com ele".

A dependência dos filhos se evidencia também pela maneira infantilizada com que são tratados pela mãe e pela avó materna, apesar de eles manifestarem inquietude com esse padrão de interação.

Cena 1 – Mãe casada falando com o filho: "Ai, o que é isso filhinho... Eu adoro você. Quer ir no *shopping* com a mamãe? Vai, filhinho, vai sair com o seu pai".
Cena 4 – Avó falando com os netos: "Venham cá, meus netinhos... Crianças, venham aqui! Deixem os seus pais conversarem!"

Eles identificam a solidão dos membros da família, a falta de atenção e a distância entre os pais e pais-filhos.

Cena 1 – Filho falando com a mãe: "Vocês [pais] não pensam em ninguém, só pensam em si mesmos".
Cena 3 – Filha ao ver os pais discutindo: "Dá pra vocês se entenderem um pouco, se importarem um pouco com a gente?" Filha falando sobre a família: "Minha mãe devia pensar menos em dinheiro e meu pai devia dar mais importância pra família". Outra filha falando: "O pai não liga muito pra gente, então ele nem sabe a nossa idade". Sobre os pais: "Um dá amor, o outro dá dinheiro".
Cena 5 – Filha num solilóquio: "Ah, eu não sei por que meu pai não me entende".

Cena 6 – Juliana (filha) falando sobre o relacionamento entre os pais: "Eles, quando se encontram, andam brigando, sempre discutindo... Eu vejo que eles brigam muito e não nasceram um pro outro... As brigas são por causa que meu pai está bêbado ou... sei lá... por causa de alguma mulher". Sobre o relacionamento entre os pais: "Se eles estivessem juntos, sei lá... minha mãe não fumaria tanto, meu pai teria mais responsabilidade e a gente seria uma família normal". Juliana falando para o pai: "Você nunca me deu atenção".
Cena 7 – Mãe falando sobre como o ex-marido se relaciona com os filhos: "Ele quase nunca liga e só aparece de vez em quando".

Os adolescentes expressam o desejo de uma relação mais calorosa, porém não sabem o que fazer para conseguir isso. Eles acreditam que os relacionamentos familiares ideais são baseados na proximidade e afetividade, mas identificam falta de recursos para tal.

Família extensa

Na ausência afetiva, econômica ou física do pai provedor, algum outro membro da família materna ou o padrasto assume seu papel. Tanto no casamento quanto na separação sem novo casamento da mãe, o espaço deixado pelo genitor é ocupado por um membro da família materna (tio, tia ou avó).

Cena 2 – Carolina (irmã da mãe) falando sobre o casal: "Eu sou solteira, trabalho e praticamente moro na casa deles [casal]".
Cena 3 – Valdir (irmão da mãe): "Tenho 38 anos e vou muito na casa da minha irmã porque gosto muito dela... Eu moro sozinho e é legal lá".
Cena 4 – Vera Lúcia (avó materna): "Moro com a minha filha desde que meu marido morreu... Vai fazer 23 anos agora em outubro. Moro também com os meus dois netinhos".
Cena 6 – Rafaela (avó materna): "Desde que o marido morreu na guerra eu vim morar aqui nesta casa... Sou bem tratada".

Os membros da família materna (avó, tia e tio) aparecem também como figuras dependentes do núcleo familiar e/ou agregadas a ele. Surgem como auxiliares da mãe nos cuidados da prole e como aliadas na defesa dos interesses/necessidades dela. Em alguns momentos, protegem os filhos e em outros fomentam a discórdia entre os pais e entre pais-filhos, em geral assumindo um posicionamento contra o companheiro atual ou ex-marido.

Cena 2 – Carolina (irmã da mãe): "Eu ajudo a minha irmã em casa quando ela precisa... Eu já dei vários toques pra Cristina [mãe]. Eu falei pra ela largar dele [marido] porque ele não se importa com ela. A Cristina pode ter um homem que goste muito mais dela".

Cena 3 – Tio Valdir falando sobre o pai: "Meu cunhado é um safado... Quando eu entro [na casa] ele não cumprimenta... Vou lá porque ele não tem força pra me barrar".

Cena 6 – Quando a família toda briga, o pai diz que o filho vai morar com ele, e a avó materna retruca: "Numa favela pra morar com quem?" No final da briga, a avó materna mata o pai e diz: "Matei o traste [genro]".

Conforme expõe DaMatta (1987), apesar de todas as enormes diferenças internas, a "família patriarcal" é capaz de manter agregados realizando a ponte entre o mundo público e o universo privado, agindo como um grupo "corporativo", ou seja, como uma pessoa jurídica indivisível. Assim, a família se refere não só à família nuclear, mas também a toda a parentela.

Dinâmica familiar "sem conflitos"

Um aspecto que chama atenção na dinâmica familiar, sem nenhuma conotação conflituosa, é a inclusão de membros que apresentam comportamento de risco ou praticam atos ilícitos. É interessante observar como essas características são absorvidas no âmago das afetividades familiares e como os respectivos comportamentos não causam nenhum espanto, incômodo ou mesmo certa estranheza. Em algumas cenas, as atitudes ilícitas são até valorizadas, visto que geram poder na hierarquia familiar. Concomitantemente a isso, ajudam a resolver, de maneira "rápida e segura", alguns problemas e/ou a trazer uma quantia significativa de dinheiro para casa. Exemplos disso podem ser encontrados na cena 3, em que o tio materno está armado em função de viver do narcotráfico e o pai custeou um aborto para uma ex-amante, que ele declara abertamente saber que é ilegal.

Cena 3 – Pai falando sobre o tio: "Ele veio visitar a gente e tava com uma arma... Ele tava um pouco bêbado". Tio, ao ser entrevistado: "Eu ando armado porque na minha profissão tem que fazer isso, né... Eu faço uns negócios, né... Eu vendo umas carnes com alguma coisa dentro, assim... tipo um fuminho". Pai falando sobre o filho que quase teve com a ex-amante: "Eu quase tive, mas mandei abortar. Sabe... eu paguei a cirurgia, lá. Eu sei que é ilegal, mas tudo bem, deu certo".

Esses jovens denunciam e, de alguma maneira, confirmam o conceito definido por Carreteiro (2001) como a "lógica do favor" na sociedade brasileira. Para o autor, a lógica do favor pode suplantar ou até mesmo anular a lógica do direito. Ele afirma que a assimetria violenta e a arbitrariedade caracterizam as relações em que os direitos cívicos ficam subordinados aos valores hierárquicos. Essa estrutura social é contaminada pelos valores da intimidade, da proximidade moral, da convivência econômica e da consideração social. Dessa maneira, a lógica do direito se esvazia e é substituída pela lógica da violência, que é baseada no nepotismo e pode ser explicitada, como às vezes acontece com a lógica do narcotráfico.

Nas cenas dramatizadas pelos adolescentes, eles também confirmam a análise que DaMatta (1987) apresenta da imoralidade como um padrão comum na esfera política e social no Brasil. O autor considera que as leis e as práticas sociais não se encontram em sintonia, pois as leis são duras demais para serem seguidas pelos amigos e filiados, e, inversamente, as relações sociais com os amigos são boas demais para o crivo da lei. Segundo ele, as leis só devem servir para os outros, ou seja, os não amigos e não parentes. A distância entre leis e práticas sociais perpetua o nepotismo autoritário e, sem dúvida, faz a vida social ser movida por duas éticas bastante diferenciadas: uma delas aplicada a razões da família, e a outra, utilizada para exercer uma razão pública.

Um segundo aspecto de inclusão sem conflitos foi encontrado nos papéis dos homens/pais nas diferentes configurações. Em seis das sete cenas representadas, os homens são agressivos, com condutas patriarcais e autoritárias, e tentam resolver os problemas cotidianos por meio da violência verbal. Nas dramatizações, eles desqualificam e desrespeitam a ex-mulher ou atual esposa/namorada, mantendo um padrão de comunicação disfuncional. Esse padrão não é questionado, passa despercebido e faz parte das características comuns do provedor familiar.

Nesse cenário, encontramos os abusos da violência familiar denominados não físicos, ou seja, psicológicos e emocionais. Como afirma Souza, na apresentação do livro de Miller (1995, p. 10), que fala sobre os pequenos atos privados de abuso e submissão no contexto doméstico: "a violência pelo abuso psicológico, emocional, da coerção econômica e da restrição social é pouco considerada, subvalorizada em sua destrutividade e, o pior, é invisível. Aí repousa seu maior mérito". Nas dramatizações, a violência no cotidiano dos lares paulistanos de classe média também foi apresentada com frágeis indícios de conscientização dos jovens (p. 49).

Dinâmica dos conflitos familiares

O aspecto central na dinâmica da família e dos conflitos é o fato de o comprar/dar/adquirir bens de consumo ser confundido com sentimento e expressão de atenção, amor e carinho entre os pais e entre pais e filhos. Aquele que prove ou que facilita o acesso aos bens de consumo é identificado como o que sente amor e sabe expressar carinho e atenção. A dinâmica do dinheiro também serve para punir ou castigar.

Cena 1 – Pai falando com o filho: "Você vai, sim, ou então eu vou cancelar o seu cartão de crédito".

Cena 3 – Mãe falando sobre seu casamento: "Eu fico em casa, vou para o *shopping*, eu viajo, é demais". Sobre o marido: "[Ele é bom], desde que dê dinheirinho para as minhas filhas e para mim". Pai falando com a filha: "Eu mandei ficar aqui, senão eu vou cortar o cartão de crédito por dois meses".

Cena 4 – Mãe fala com o pai sobre o filho: "Você não dá atenção para o Juninho... Até hoje você não deu nada pro Juninho, a não ser aquela camisetinha lá... aquela baratinha". Pai responde: "Toda vez que ele vem em casa, eu dou um agradinho [dinheiro] pra ele". Pai falando com a filha: "Olha essa blusinha que eu comprei que foi 25 reais... Essa aqui eu paguei 200 reais. Você acha isso barato? E a sua mãe deu o que pra você?" Mãe fala com os filhos: "O pai de vocês não dá carinho, não dá dinheiro, não ajuda".

Cena 5 – Mãe falando para o pai: "Você não trabalha, você não faz nada, você não dá o amor que minha filha precisa". Filha falando sobre o pai: "Meu pai não me entende, meu pai não me dá dinheiro pra eu fazer nada".

Em consequência da dificuldade de identificar os conflitos na família, as justificativas das discórdias conjugais são estabelecidas como questões externas. A culpabilidade é deslocada para os membros da família materna ou filhos de outro casamento, pois a atual conjugalidade é sempre preservada. Na separação/divórcio, a namorada/companheira do pai ou madrasta o impede de ser um provedor atencioso e presente.

Dinâmica dos conflitos nas representações da família casada

Os conflitos não aparecem claramente nesse tipo de representação, ou seja, ficam "embaixo do tapete". As cenas demonstram que, a fim de que o relacionamento conjugal seja mantido, não ocorrem discórdias. As desavenças são reprimidas e somente a infidelidade pode gerar a separação. Em consequência disso, poderão surgir os conflitos.

Entre as quatro cenas de famílias casadas (três de primeiro casamento e uma de segundo casamento da mãe), em três delas aparece a figura da amante e o pai mentindo para a família ao tentar ocultar um relacionamento "proibido". Surge também o casamento por conveniência em conflito com outros ideais românticos, que ficam abalados com a entrada do aspecto econômico/financeiro. Ao discorrerem sobre a concepção de família e casamento que os participantes de diversos estudos apresentaram, Souza e Ramires (2006) enfatizam a importância do amor romântico para o imaginário social na cultura ocidental. Nas representações dos adolescentes, as cenas demonstraram que esse ideal é ameaçado pelas demandas e necessidades econômicas do contexto familiar concreto.

Cena 3 – Mãe falando sobre seu caso extraconjugal: "Tive um casinho... Foi numa festa... Bebi um pouco demais... Só uns beijinhos... mas ficou no passado... Eu não estava a fim de continuar o relacionamento. Prefiro o meu casamento. Ele [amante] não tem dinheiro".

Nessa cena aparece, claramente, a questão da infidelidade dos cônjuges. A infidelidade do marido é "aceita" pela esposa, porém a suspeita de infidelidade da esposa é seguida de ameaça/agressão por parte do marido, o que demonstra padrões de desigualdade de gênero na relação conjugal.

Cena 3 – Mãe falando sobre um possível relacionamento extraconjugal do marido: "Ele pode ter tido um casinho". Pai falando com a esposa sobre um possível relacionamento extraconjugal dela: "Tá falando que eu tenho chifre, mulher? Você me traiu alguma vez? Vou te dar umas porradas pra você ficar esperta".

Esse padrão de conduta remete às colocações de DaMatta (1997) de que, na complementaridade hierárquica de gênero, os homens são intrínseca e naturalmente superiores. Assim, o celibato masculino pode ser visto como uma traição ao gênero, sendo impossível separar a prática sexual da definição total da identidade social, e as metáforas sexuais acabam reproduzindo as normas da organização social. Aquele que nasce homem tem de se comportar como tal, ou seja, com hombridade, com consistência, firmeza e certa dureza, executando sistematicamente certos gestos e mostrando aos "outros" determinadas atitudes.

A infidelidade da esposa é inicialmente negada por ela, depois assumida, sem que se considere que houve qualquer interferência disso no casamento. A relutância da mulher em aceitar a própria infidelidade e seu discurso sobre a fidelidade incondicional ao marido sinalizam o aspecto de submissão/dependência aparente que o casamento impõe à conjugalidade.

Para o marido, os relacionamentos extraconjugais também não interferem no casamento, porém seu discurso é mais direto e aberto. Na cena 3, os adolescentes denunciam o aspecto da dupla moralidade do pai provedor.

Cena 3 – Pai falando sobre seu casamento: "Sou casado com a minha esposa, que é perfeita... Eu amo a minha esposa". Sobre relações extraconjugais: "Eu tive duas... assim... fora do casamento... Ela [esposa] não soube". Sobre a interferência desses relacionamentos no casamento: "Não, não... porque eu amo minha esposa".

Desde a Primeira República, o duplo padrão de moralidade, que tradicionalmente governa as relações de gênero e os comportamentos, permite uma ampla liberdade aos homens e vigia rigorosamente a pureza da mulher. Esse sistema de valores originou-se no Brasil, sendo passado pelos europeus. O contato com os mouros e a moral dos portugueses e espanhóis contribuíram para sua disseminação na Península Ibérica (Azevedo, 1961).

Para as famílias dramatizadas, quando a infidelidade do marido de primeira união é desvelada, cria-se uma situação que conduz à separação/divórcio.

Cena 2 – Mãe falando com o pai: "Vai embora! Vai encontrar a mulher com que você estava no telefone! Não preciso mais de você. Sua companhia já me fez feliz muitas vezes, mas agora eu não preciso mais de você. Eu quero pedir o divórcio".

Em alguns momentos das cenas, o casal pensa em não se separar por causa dos filhos. Porém, quando ocorre a separação, a mulher demonstra desilusão com o amor romântico perdido.

Cena 2 – Mãe falando sobre o casamento que acabou: "Eu estou muito triste... Essa situação... eu nunca esperei que fosse acontecer. Sabe... o homem que eu amo tanto de paixão... que eu comecei a namorar tão cedo... Eu me apaixonei por ele à primeira vista".

Assim, os adolescentes não são capazes de perceber que podem existir espaços para negociação na díade conjugal. Na complexidade dos relacionamentos, eles identificam comportamentos que conduzem a resoluções extremadas, sem, contudo, considerarem os valores atribuídos à construção afetiva da conjugalidade.

Quando o casal se separa, a amante do marido demonstra sentimentos ambíguos quanto à continuidade do namoro: acredita que deve haver a separação do casal, por causa das brigas, mas sente-se responsável e culpada pela ruptura da conjugalidade.

Cena 2 – Amante do pai: "Eu não quero desfazer uma família. Eu queria isso [que ele se separasse da esposa e ficasse com ela] no começo, mas agora eu me toquei do que estou fazendo: estou desmanchando uma família... Tá dando muita briga, eu acho melhor você se separar".

No caso de separação, a mãe conta com o apoio dos membros de sua família. O filho sente a disputa dos pais relacionada a "com quem ele vai ficar". O conflito de lealdade aparece como uma situação angustiante, sem saída.

Cena 2 – Pai falando sobre o filho: "O meu filho quer a minha atenção, mas ele escolheu ficar com a mãe. Se ele quisesse a minha atenção, ficaria comigo, e não com a mãe. Ele gosta dos dois, mas tem que escolher".

Na dinâmica dos conflitos da família casada, pode-se notar a coexistência dos valores conservadores da família nuclear patriarcal, comuns no final do século XIX e início do século XX, e dos valores e concepções das famílias separadas contemporâneas.

Dinâmica dos conflitos nas representações da família separada/divorciada

Na família separada/divorciada, os conflitos ficam mais evidentes e apresentam maior grau de escalonamento devido a questões econômicas. Torna-se mais clara a mistura/confusão da prioridade de interesses/necessidades do pai e da mãe, bem como dos pais e dos filhos. Nesse contexto, pesa a cobrança constante ao pai como provedor. Os filhos não facilitam outro relacionamento ou casamento dele e se comportam como se fossem "desprezados" pelo genitor em função de seu relacionamento com outra mulher.

Cena 5 – Pai falando: "Mas eu tenho a minha namorada. Eu tenho que cuidar também dela".

Cena 6 – Pai falando sobre as questões econômicas da vida de separado: "Também tenho a minha namorada... A gente está junto e eu tenho que pagar também as coisas pra ela, sabe... Eu tenho que sustentar a minha filha, mas só que ela está querendo demais de mim... Eu também tenho as minhas coisas... Eu tenho que fazer as minhas viagens de trabalho. Eu trabalho muito".

Mesmo separado, o pai é colocado como o responsável pelos problemas financeiros dos filhos e da ex-esposa.

Cena 5 – Pai discutindo com a filha e a ex-esposa: "Mas eu não te dou dinheiro todo mês? Eu não te dou dinheiro todo mês? Vocês querem o quê?"

Surgem ainda os conflitos entre irmãos por coisas materiais na representação das famílias separadas. Isso ocorre também na realidade, visto que a manifestação dos conteúdos conflituosos ocorre no momento em que as adaptações e transformações no ciclo vital requerem reestruturações pessoais e familiares, e essas condições podem fazer as pessoas sentirem-se em conflito e/ou ficarem mais intensamente em discórdia com outras pessoas (Heitler, 1990).

Na família separada, a presença da avó materna é mais marcante. Ela procura sair do ambiente ou minimizar a situação nos momentos em que o nível de conflito aumenta. Quando isso ocorre, ela apoia os interesses da filha, mas não consegue propor alternativas para as discórdias.

Cena 5 – Avó falando com a neta enquanto os pais brigam: "Minha neta, entenda a sua mãe... sua mãe trabalha como secretária, sua mãe não é empresária como o seu pai". Avó falando sobre sua situação na família: "A minha filha paga tudo para mim, e aquele ex-marido dela fala que paga tudo pra mim e ainda tem coragem de me chamar de velha... de velha decadente, o que eu não sou".

A figura da mãe separada e sua rotina são centrais na casa. Em geral, ela chega do trabalho queixando-se do cansaço de um longo dia e da falta de dinheiro para corresponder às demandas insistentes dos filhos, pois o ex-marido nunca paga o que deve de pensão alimentícia.

Cena 4 – Mãe falando: "Trabalho... Ô coisa estressante... Minha vida tá uma loucura... Eu também tô brava... Ele [ex-marido] não depositou a pensão das crianças... É só quinhentos reais e o cara não deposita na minha conta, é possível? Como é que eu vou pagar o carro desse menino e a faculdade dele? Não dá...".
Cena 5 – Mãe falando: "Eu sou secretária e não ganho muito dinheiro, então eu preciso sustentar a casa inteira.... Ele [ex-marido] não dá nenhum bem material que nós precisamos".

Com a saída do pai, as despesas de manutenção da casa e as contas dos filhos a sobrecarregam. Sem o marido, ela tem poucos recursos materiais e pessoais para reconstruir sua vida. Isso é constatado também em estudos que demonstram as dificuldades econômicas da família no pós-separação provocadas pelo não pagamento da pensão alimentícia dos filhos pelo genitor ou pela irregularidade desse pagamento (Kaslow e Schwartz, 1995; Hetherington e Kelly, 2002).

Nas dramatizações, o pai inicialmente está sempre indisponível ou ocupado com o trabalho. A mínima incompatibilidade dos horários e a falta de flexibilidade dos pais são componentes capazes de dar início a uma briga entre o ex-casal. As falas são expressas em tom impositivo e bastante rude. Apesar disso, o pai acaba indo para a casa da ex-esposa e dos filhos na tentativa de resolver os problemas financeiros da família.

Cena 4 – Mãe falando com o pai ao telefone: "Oi, eu precisava falar com você. Você podia vir aqui na minha casa?"
Pai: "Eu estou muito ocupado, eu tenho muito trabalho".
Mãe: "Não me interessa!"
Pai: "Daqui a pouco eu passo aí".
Mãe: "Não, eu preciso que você venha aqui até as oito horas".
Pai: "Olha, são sete e trinta... Eu tenho meia hora pra chegar aí".
Mãe: "Pois é... eu tenho um compromisso às nove horas e preciso de você aqui às oito".
Pai: "Tá bom, tchau, eu vou praí".

Na residência da ex-esposa e dos filhos, há também forte discórdia entre os pais sobre a criação da prole, regras, limites, normas, práticas educativas, crenças e valores.

Cena 4 – Pai conversando com a mãe sobre a filha: "Eu dou dinheiro praquela menina toda vez que ela vai em casa. Eu não aguento mais dar dinheiro pra ela".
Mãe: "É que eu tenho que comprar a tal bolsa da Gucci, e outra da Versace".
Pai: "Não compra da Gucci. Tem tantas boas e baratas na rua 25 de Março, José Paulino, Brás e outros lugares".
Mãe: "Você acha que a minha filha vai usar essas coisinhas assim?"
Pai: "Se a gente não tem condições de vida... O que a gente pode fazer?"

Os pais projetam diferentes expectativas quanto à vida adulta dos filhos fundamentando-se no relacionamento do ex-casal. Os conflitos não resolvidos servem de base para direcionar a educação dos filhos. Os pais emitem julgamentos e críticas quanto ao estilo de vida que o ex-cônjuge assumiu no período pós-separação. Eles culpam um ao outro, insistentemente, pela falta de dinheiro.

Cena 4 – Mãe falando com o pai sobre dinheiro: "Como que a gente não tem condições? Você estava em Miami até a semana passada, que a minha filha me contou".
Pai: "Viajei a trabalho".
Mãe: "E por que a sua namorada foi junto?"
Pai: "Porque ela tem dinheiro e pode pagar".
Mãe: "A menina tem 20 anos... Você gasta tudo com ela".

Nesses momentos, pude identificar que, nas narrativas, os conflitos são construídos em torno das regras que regulam e pautam as inter-relações. Quanto aos temas e conteúdos das cenas dramatizadas, as famílias apresentaram os seguintes conflitos, definidos por Suares (1999):

1) Conflitos de objetivos – as partes estão centradas em diferentes metas:
Cena 4 – Filho e filha conversando com a avó:
Filho: "Vó, eu precisava de um carro e dinheiro pra faculdade".
Filha: "Eu precisava de uma bolsa Versace... A mãe fica falando que não tem dinheiro".
Filho: "Cala a boca, você tem tudo. Você é boba, idiota".

2) Conflitos de valores – cada parte justifica sua posição com uma conotação valorativa diferente:
Cena 4 – Filho brigando com a irmã por causa dos pedidos que ambos fazem aos pais: "Cala a boca! O meu carro é mais importante... Eu aqui sou o único que precisa muito de uma coisa e não tenho o que preciso". Filho sendo entrevistado pela autora: "A minha irmã quer uma bolsa, e eu só quero o dinheiro da faculdade e o meu carro pra ir pra faculdade. Uma coisa necessária, uma coisa básica pra um ser humano. E ninguém quer me dar..."

3) Conflitos de crenças – cada parte sustenta sua posição em função de um sistema de crenças diferente:
Cena 4 – Avó falando sobre as diferenças entre o ex-casal: "Essa minha filha tem que ficar tomando conta dos dois filhos dela, só que o marido não ajuda em nada e ela tem ficar se esforçando. Ela trabalha o dia inteiro, chega em casa cansada e dá atenção pra eles. Ajudou a estudar quando eram pequenos e agora ele não ajuda em nada, nem nos estudos... Ele não acredita que estudar é importante para os filhos".

O escalonamento dos conflitos sempre ocorre em relação às questões econômicas/financeiras do ex-casal. Nos diálogos, inicialmente o pai tenta conversar sobre a redução dos gastos da família. A mãe não aceita as sugestões e questiona o padrão atual de vida do ex-marido.

Cena 4 – Pai conversando com a filha e a mãe sobre os problemas financeiros da casa:
Mãe: "Você tá vendo... Tem o salário da empregada pra pagar, as contas da minha mãe..."
Pai: "Ela [filha] é muito grandinha. Ela já pode limpar, lavar..."
Mãe: "Ela sai de balada com os amigos dela".
Filha: "Você acha que eu sou o quê? Eu sou faxineira desta casa agora?"
Mãe: "Você nem participa da vida deles e vem falar o que ela tem que fazer... Você tem três carros. Você pode dar um pro Júnior".

Numa segunda tentativa de resolver a situação, o pai cobra da mãe uma prestação de contas sobre o que ela faz com o próprio salário e assume também uma postura de cobrança dos filhos. O genitor aparenta ter um padrão de vida melhor do que o da ex-esposa e filhos, além de uma namorada mais jovem, que parece usufruir de benefícios dos quais os filhos não usufruem.

Cena 5 – Pai brigando com a mãe: "E cadê o seu dinheiro? Eu não sei do seu trabalho... O que você faz... Mas eu não vejo o seu dinheiro".
Mãe: "Eu trabalho duro, eu trabalho o dia inteiro. Eu fico sentada como secretária e você vem falar isso?"
Pai para os filhos: "Vocês têm que ajudar a mãe de vocês. E as notas? Cadê as notas?"
Pai sendo entrevistado: "Eu sei que eu tenho dinheiro... A minha mulher fala que trabalha, mas eu nunca vi o dinheiro dela. Eu sou rico, mas porque eu estudei e lutei... O meu dinheiro vai ter que ser controlado porque senão eu que vou ficar pobre... E a minha namorada, coitada, eu nem dou atenção pra ela".

Assim, o escalonamento dos conflitos ocorre em função da impossibilidade de reflexão sobre eles. Suares (1999) denomina esse fator presente na discórdia de "conflitos por princípios". Neles, as pautas implícitas ou explícitas para a adoção de decisões servem de guia de conduta. No entanto a lógica do princípio torna rígida qualquer negociação, visto que, por definição, os princípios não podem ser abandonados ou modificados, tornando inviável qualquer alternativa de resolução.

Um importante aspecto a ser considerado, de acordo com Pearce (*apud* Suares, 1999), é que os conflitos são originados pela maneira como lidamos com nossas diferenças. O autor considera que as diferenças por si sós não geram conflitos, mas estes são construídos pelas diferentes maneiras com que lidamos com eles. Diante disso, identificamos nas cenas os chamados "conflitos incomparáveis", ou seja, aqueles em que as partes que estão tratando suas diferenças não entram em acordo sobre o que está sendo discutido. Nas dramatizações, pode-se observar que os filhos e a ex-esposa discutem a falta de atenção e de apoio do pai a eles, enquanto o genitor aborda exclusivamente as questões financeiras da família.

Nos diálogos, os filhos negam colaborar com as propostas do pai de redução das despesas e exigem um padrão de vida que o genitor não pode ou não quer disponibilizar. Quando não consegue ter controle da situação, o pai aponta o alto custo do estilo de vida da mãe e/ou dos filhos. Para essa situação, Heitler (1990) assinala os aspectos silenciosos e inexpressivos dos conflitos manifestos nos conteúdos. A autora enfatiza que os conteúdos se referem aos temas não resolvidos e/ou a situações problemáticas que causam desconforto às pessoas. Nas dramatizações feitas pelos adolescentes, a saída do pai de casa pode ter gerado, de um lado, o medo do abandono e, de outro, em função da fase de desenvolvimento deles, a necessidade de autonomia e diferenciação.

Cena 5 – Filha sendo entrevistada: "Eu só quero que eles me deem logo o meu dinheiro, pra eu poder sair logo de casa. Eu não aguento mais eles discutindo".

Esses fatores tornam a questão econômica o ponto de convergência das maiores dificuldades da família. Da perspectiva das ex-esposas, os conteúdos enfatizam a saída da figura do provedor como fator que intensifica a insegurança econômica e a faz se sobrecarregar com as novas estruturações vinculadas à distribuição do tempo, do dinheiro e de energia para o trabalho, os cuidados da casa, filhos e lazer.

Cena 5 – Mãe falando: "Eu tenho problemas muito comuns no dia a dia, que são a falta de dinheiro, a falta de amor... A minha filha precisa de coisas, eu preciso pagar muitas contas, meu marido nunca está presente, eu tenho que pagar plano de saúde..."

Mãe e filhos respondem às cobranças do pai. Nas narrativas, o ex-casal apresenta dificuldade de comunicação e disfuncionalidade na resolução das discórdias. Pode-se considerar que mãe e filhos apresentam um padrão repetitivo quando pedem para o pai, insistentemente, aquilo de que necessitam e, de certo modo, acreditam que somente ele possa resolver os problemas atuais. Os filhos se aliam à mãe contra o pai e isso aumenta as desavenças. Durante as brigas, as estratégias de enfrentamento tornam-se disfuncionais na medida em que prejudicam os relacionamentos interpessoais.

Pude constatar, nas cenas, que os personagens utilizam a denominada estratégia de "luta". Nela, quando as pessoas discutem, elas insistem e aumentam o tom de voz a fim de convencer o outro ou obter o que querem, desconsiderando os pensamentos e sentimentos dele, rompendo os relacionamentos ou mesmo fazendo injúrias e provocando prejuízo moral para os envolvidos (Heitler, 1990).

Cena 5 – Mãe falando sobre a namorada do pai: "Quem é no telefone? É a vagabunda da sua mulher?"
Pai: "Não é a vagabunda, não". Pai ao telefone com a namorada: "Essa minha ex-esposa, que fica mandando eu pagar negócio pra essa velha [avó materna]... Eu não tenho que pagar nada pra essa velha... Vagabunda é aquela vó lá, que só fica me enchendo o saco..."

Quanto ao alto nível de disfuncionalidade nas resoluções, é importante assinalar que os aspectos intrapsíquicos e interacionais são inerentes aos conflitos relacionais. Para Heitler (1990), isso pode ser constatado, pois, como os padrões interacionais são recíprocos, uma pessoa pode provocar outra, e cada uma ou ambas iniciam o processo de interação disfuncional. Para a autora, a expectativa de uma pessoa pelo movimento ou pela conduta da outra pode ser suficiente para iniciar o padrão relacional destrutivo entre elas. Assim, a partir da ação/conduta de uma, a outra oferece um retorno numa ação/conduta recíproca/conhecida e vice-versa. Nas dramatizações, os conflitos assumiram o formato de um círculo repetitivo de acusações, ameaças e alianças (mãe/filhos contra o pai), chegando ao descontrole sem um possível acordo.

Esse padrão também surgiu na competição entre mãe/filhos e namorada/companheira/madrasta pelo dinheiro e pela atenção do pai.

Cena 4 – Mãe conversando com o pai: "Sua filha reclama de atenção... Não só de atenção... Por que você não dá aquele carro que você tem para o Júnior?"
Pai responde: "Um pra mim e outro pra minha mulher não dá..."
Mãe falando com a filha: "Tem que falar com ele [pai]... Que arranjou outra mulher... Que tá todo mundo aqui e ele não quer dar dinheiro".

O alto nível de conflito aparece também entre pais e filhos. A comunicação e as práticas educativas surgem com características de hostilidade e coerção verbal. Outros momentos de hostilidade ocorrem quando o filho tenta sair de casa ou morar com o pai e é impedido pela mãe.

Cena 6 – Pai entra na casa e fala com os filhos:
Pai: "Eu vim dar uma passadinha... Você quer ir no *shopping*?"
Filho: "Mãe, posso ir com o pai no *shopping*?"
Mãe: "Não!"
Filho: "Por que não?"
Mãe: "Porque não. Seu boletim está uma porcaria, então você não vai".
Pai: "Ah, não tá tão ruim assim. Ele ainda pode recuperar. Eu vou levar ele pra morar comigo".
Filha: "Ah, pai, você defende ele só porque ele é outro bêbado, assim como você".
Filho: "Eu vou com o meu pai".
Mãe: "Se você for, vai ficar de castigo por um mês".

Na situação em que aparece alto nível de conflito, a mãe minimiza a discórdia e avalia a situação sem consciência de sua gravidade. Inicialmente ela nega o ocorrido, depois tenta fazer o melhor para ajudar os filhos, principalmente no momento em que a violência surge como solução.

Cena 6 – Após o pai ter morrido, o filho ter chorado muito em cima do caixão, a filha não ter ido ao enterro do pai e a avó ter sido presa, a autora pergunta à mãe: "Como é que a senhora se sente fazendo parte dessa família?" A mãe responde: "Feliz... É bom de vez em quando e ruim ao mesmo tempo... Tem famílias piores do que esta... Tenho que passar as coisas boas para os meus filhos".

Isso pode ser compreendido por meio da análise de Heitler (1990) sobre padrões de escalonamento. A autora descreve uma estratégia que denomina "conflito evitado em interação de luta", na qual o aumento da intensidade do conflito leva ao descompromisso com o sistema familiar. Um conflito desenvolvido num processo de escalonamento de brigas e discussões pode atingir um ponto em que um ou ambos os participantes decidem se desconectar da interação.

Diante da grande intensidade das discórdias, os adolescentes parecem identificar que a separação não resolve conflitos. Eles percebem que as brigas podem diminuir se os pais morarem em casas distintas, mas que, de certa maneira, a intensidade pode manter-se ou até aumentar em outros contextos.

De acordo com Heitler (1990), a intensidade dos conflitos pode ocupar uma posição de escalonamento na oposição das partes dentro de um padrão cíclico. Quando determinado padrão de interação já foi estabelecido num relacionamento, uma afirmação pode ser interpretada como uma insinuação crítica e receber uma réplica hostil, provocando um retorno mais intenso e culminando com gritaria ou violência verbal. A autora assinala que esse tipo de interação tende a se repetir ciclicamente, e a gravidade e o volume das expressões tendem a aumentar.

Cena 7 – Filho falando: "Os pais hoje em dia não conversam muito entre eles e, quando acontece alguma coisa, fica um jogando na cara o que o outro fez, e aí causam mais briga ainda, e mais briga, e aí eles não conseguem se controlar e acabam falando coisas que não devem".

Nos momentos em que aumenta a gravidade das discórdias nas dramatizações, os filhos identificam o alto nível de conflito entre os pais e procuram não interferir, isolando-se ou saindo de casa, ou tentam mediar a interação dos pais a fim de que a situação fique sob controle. Contudo, eles não identificam a razão das brigas entre os genitores. Alguns acreditam que o casal poderia ficar bem vivendo junto, outros conseguem identificar que o pai está melhor no segundo casamento.

Cena 5 – Filho falando para a diretora de cena: "Meu pai está melhor com a outra [segunda] mulher".

Na situação de segundo casamento da mãe, apesar de o padrasto assumir a posição do pai da prole, como já mencionado, ele se mostra descomprometido com a educação efetiva dos filhos. Isso é exemplificado na cena 7, em que o padrasto nem se acanha de colocar o filho contra a mãe.

Cena 7 – A família está ao redor da mesa, jantando, e o padrasto arrota:
Mãe: "É isso que você dá de educação aos seus filhos... Não é assim que eu quero que você eduque eles..."
Depois o padrasto e o filho vão a um prostíbulo e voltam para casa de madrugada. A mãe os está esperando:
Mãe: "Onde vocês estavam?"
Padrasto: "Numa reunião aí ... Era *business*".
Filho: "Vamos sair, pai! Vamos embora!"
Padrasto: "Ô, filho! Calma, filho! Essa chata aí fica enchendo o saco... Vamos embora, filho! Vamos pro puteiro!"
Ao entrevistar um dos filhos, a autora pergunta:
Autora: "O que o padrasto tem melhor que o pai?"
Filho: "Ele deixa a gente fazer tudo e não tá nem aí".

Apesar de o grupo não ter selecionado nenhum personagem para representar o pai biológico dos filhos no segundo casamento, interrompi a dramatização e interferi na cena, assumindo o papel do genitor da prole. Nessa cena, foi possível identificar a exclusão do genitor por seus três filhos, visto que já existia o padrasto no lugar do "pai" dessa família.

Cena 7 – Filho falando ao telefone com o pai biológico: "Durante a semana não dá pra ir por causa da escola... Neste final de semana agora não vai dar porque eu vou sair com meu padrasto... Parece que a gente vai numa festa".

Os filhos não corresponderam abertamente às palavras de afeto e carinho do pai biológico, talvez devido ao próprio conflito provocado pela lealdade à mãe, comum aos filhos de pais separados que não podem expressar perto da mãe que gostam do pai. A filha não quis morar com o pai porque "lá não tem a mãe". No diálogo com o pai, os filhos pedem dinheiro somente para sair ou para um presente.

Cena 7 – Filho falando com o pai biológico ao telefone: "O dinheiro era pra gente sair numa baladinha mais tarde... Por isso que não dá pra sair com o senhor, porque já tô com o dia todo ocupado".

Na separação/divórcio do primeiro casamento, inicia-se a disputa do casal pelos filhos, e, na do segundo, há a dor do padrasto pela perda dos filhos da ex-esposa. Nas disputas interparentais, os filhos ficam confusos sobre com quem vão viver e sofrem com a separação e os conflitos presentes nesse contexto. Alguns até decidem morar com alguém da família extensa ou com o padrasto. Apesar das brigas, os filhos não querem a separação do casal. Eles preferem que os pais/mãe e padrasto voltem a viver juntos, em vez de se separarem.

No segundo casamento, após a separação, a mãe pensa em procurar um trabalho. Ela se recupera da ruptura do relacionamento conjugal mais rapidamente do que a mãe da família nuclear que se separa pela primeira vez.

Na dinâmica dos conflitos das famílias separadas, o movimento é sistêmico e repetitivo. O pai tenta organizar a vida no pós-separação, porém as demandas dos filhos, da ex-esposa e da namorada ou segunda esposa o deixam confuso, sem saber por onde começar. A mãe, estressada com a ausência do marido e provedora da casa e dos filhos, arca com as responsabilidades de uma mulher sozinha, pagando todas as contas, além de se responsabilizar pela educação da prole. Ela tenta sobreviver a uma pressão constante que parece não ter fim. E os filhos, angustiados com a falta da figura paterna, sofrem pela ausência do pai, mas expressam apenas as dificuldades e perdas financeiras do dia a dia.

Reações dos filhos aos conflitos conjugais

Na dramatização de cenas dos filhos, os conflitos são identificados nas brigas por dinheiro. Quando aparecem as discórdias entre os pais, os filhos, na tentativa de controlar a situação, procuram obter a atenção deles. No casamento, eles pensam em alternativas idealizadas, como num "final feliz".

Cena 3 – Filho: "Eu acho que eles se separam. Ela vai procurar um homem que tenha dinheiro também, e ele vai procurar uma pessoa que dê mais valor pra ele e pronto".

Na separação/divórcio, os filhos pensam em dialogar mais, porém concretizar isso é difícil para eles. Uma alternativa é se isolar no quarto ou sair de casa.

Cena 4 – Filho: "Conversar direito, coisa que não dá muito certo. Tem que tentar conversar... Pai, mãe e filhos... Mas isso não dá muito certo porque sempre dá briga... Não tem o que fazer".

Cena 6 – Filha: "Eu não me intrometo, mas também não fico em casa... Vou pro meu quarto ou saio pra rua, sei lá, vou pra algum lugar".

Uma saída para os conflitos se evidencia quando o pai provedor cede à demanda da ex-mulher e/ou dos filhos. No momento em que ele cede, também fomenta a ideia de que, quando os filhos gritam, conseguem o que querem. Isso reforça o padrão disfuncional da comunicação familiar. Nesses casos, o pai prefere ceder aos pedidos dos filhos a conversar com eles.

Cena 4 – Pai falando para a filha: "Tá bom, Pati, eu te dou a bolsa, tá?"

Essa última alternativa também é apresentada por Heitler (1999) ao enfatizar que a rendição é uma resposta dada à situação de conflito quando não há nenhuma negociação estabelecida.

3
Conflitos conjugais para crianças e adolescentes

"As palavras são escultoras da vida."

Seicho Taniguchi

Conflitos e discórdias entre adultos são eventos comuns no cotidiano dos filhos. Discórdias regulares fazem parte do relacionamento da maioria dos casais que vivem um casamento harmônico. Contudo, o alto nível de conflito marital, dentro de certos parâmetros e com constância, alta intensidade e baixo nível de resolução, é extremamente estressante para a prole (Davies *et al.*, 1999). Além disso, aumenta a propensão de os filhos desenvolverem sintomas patológicos (internalizados e/ou externalizados) (Davies e Cummings, 1994), interferindo de maneira significativa no desenvolvimento cognitivo e emocional da prole (Grych e Fincham, 1990; Cummings e Davies, 2002).

Desde 1920, a literatura vem abordando os efeitos negativos do conflito conjugal sobre os filhos (Cummings e Davies, 1994). A análise causal do processo é insuficiente se o contexto dos conflitos usuais e inevitáveis num casamento é definido de maneira genérica, visto que os desacordos e a expressão de emoções inconvenientes ou negativas no cotidiano têm um significado específico para cada casal (Cummings e Davies, 2002). Por volta dos anos 1980, devido ao grande aumento do número de divórcios que vinha ocorrendo desde a década de 1960 nos países ocidentais, os estudos sobre conflitos conjugais e seus efeitos nos filhos passaram a incluir múltiplas dimensões de análise e compreensão.

Alguns estudos demonstram que a história da criança afeta a maneira como ela avalia os conflitos entre os pais e reage a eles. Assim, os efeitos dos conflitos podem ser analisados em função da história passada da criança/adolescente exposta a estímulos específicos e/ou a fatores presentes na situação conflituosa (Cummings e Cummings, 1988; Davies e Cummings, 1994; Grych e Fincham, 1990). Determinados padrões de interação conjugal, em especial os que são encontrados nos contextos de maiores disputas e violência, foram relacionados com distúrbios no desenvolvimento emocional, cognitivo e social e até com alterações psicofisiológicas na criança (El-Sheikh e Harger, 2001).

Na perspectiva dos filhos, o significado do conflito não se articula com a ocorrência ou a frequência da discórdia geral. Eles demonstram enorme sensibilidade, particularmente, à forma e à intensidade de expressão dos pais, ao percurso emocional da interação e aos resultados e implicações dos temas abordados (Davies e Cummings, 1994). Alguns estudos indicam que a frequência de discórdias dos casais é maior durante o período de criação da prole (Belsky e Pensky, 1988; Glenn, 1990).

Papp, Cummings e Goeke-Morey (2002) constataram num estudo que dois terços dos conflitos conjugais ocorrem na ausência dos filhos e que as discórdias em que crianças e adolescentes de 8 a 16 anos estão presentes são mais negativas emocionalmente e mais destrutivas do que as ocorridas na ausência deles. Conflitos na presença dos filhos apresentam também alta incidência de temas relacionados à prole, como problemas de educação e cuidados diários, e tais assuntos são especialmente angustiantes para eles. Dessa maneira, a exposição das crianças e dos adolescentes aos conflitos conjugais é um fator de risco, pois as discórdias que eles presenciam no ambiente doméstico são relativamente hostis e emocionalmente negativas.

Na literatura sobre os efeitos dos conflitos conjugais em crianças e adolescentes, Grych e Fincham (1990) propuseram o modelo do "contexto cognitivo". Essa abordagem procura analisar os efeitos do conflito marital nos processos cognitivos dos filhos e o papel destes no direcionamento das emoções e dos comportamentos. O impacto dos conflitos é mediado pela compreensão e avaliação que a criança/adolescente faz deles. Esse modelo de análise tenta perceber como o processo cognitivo e os comportamentos de *coping*[2] são influenciados pelas características dos conflitos e pelos fatores contextuais, como experiências passadas, gênero, idade, expectativas e humor (Davies e Cummings, 1994). A influência desses fatores está relacionada à avaliação do significado dado ao conflito, como um guia do comportamento após a exposição à situação conflituosa. Assim, o processo cognitivo funciona como um mediador entre o conflito percebido e a resposta dada a este.

Nessa análise, é colocada uma ênfase especial sobre a influência do processo de cognição para o desenvolvimento do self. A percepção dos filhos ao avaliarem a ameaça, o desencadeamento do sentimento de culpa neles e as implicações desses processos para o self influenciam o impacto dos eventos familiares neles, especialmente na internalização dos efeitos dos conflitos. Na externalização desses efeitos, por meio do contato com outras pessoas, a criança/adolescente pode ser afetada por diferentes processos provenientes da interação, os quais incluem as concepções sobre o que ela sente ou pensa de si mesma (Cummings e Davies, 2002), transmitidas pelas práticas educativas e pelos distintos estilos de parentalidade.

McDonald e Grych (2006) desenvolveram um estudo sobre como a compreensão que os filhos têm dos conflitos, da ameaça e da culpa, bem como o valor que dão a eles, torna-se mediadora entre a exposição deles aos conflitos e os problemas de adaptação da criança em função de sua faixa etária. Os resultados demonstraram que as 179 crianças analisadas, que tinham entre 7 e 9 anos, distinguiram as propriedades dos conflitos e os valores que elas atribuíram a eles.

As evidências sugerem que a percepção da ameaça e da culpa provocadas pelos conflitos conjugais funcionam de maneira similar tanto

---

2. Margolin, Oliver e Medina (2001) descrevem *coping* como o esforço, a intenção ou atividades físicas ou mentais direcionadas a um determinado objetivo para alterar o problema percebido ou o próprio estado emocional proveniente da situação-problema (p. 23-4). De acordo com Cummings e Davies (2002), nenhum tipo de análise pode descrever integralmente uma definição de *coping*. Os autores citam Cummings e Cummings (1988), que propõem a consideração de diversos níveis de análise que levam às perspectivas de *coping*, incluindo respostas de *coping*, estratégias de *coping* e estilos de *coping*. Além disso, assinalam que esses elementos podem ser inter-relacionados, mas podem também definir aspectos independentes do processo.

para as crianças de 7-9 anos, quanto para as mais velhas. Elas distinguem suas percepções de acordo com a maneira pela qual os conflitos são expressos na família. Avaliam a ameaça causada pelos conflitos e as concepções a respeito de suas responsabilidades de provocar a finalização destes ou de ajudar a terminá-los. Entretanto, como previsto pelo modelo "contexto cognitivo", o valor que as crianças deram à ameaça e à autoculpa foi influenciado pela exposição aos conflitos interparentais e aos problemas internalizados por elas, mas não aos externalizados.

Outra abordagem sobre os efeitos dos conflitos conjugais consiste na "hipótese da segurança emocional" (Davies e Cummings, 1994), baseada na "hipótese da sensibilização". A "hipótese da sensibilização" pressupõe que a exposição prolongada ao conflito interparental negativo (expressão de raiva em escalonamento intenso, violento, não resolvido) induz os filhos, progressivamente, a apresentar reações emocionais negativas (angústia, medo, ansiedade) (Cummings e Davies, 2002).

Considerando que as emoções dos indivíduos mantêm um sistema de monitoramento interno e um guia cuja função é avaliar os eventos, motivar os comportamentos e modelar as respostas de adaptação, na "hipótese da segurança emocional" a reação emocional negativa da criança/adolescente ao conflito conjugal regula o objetivo de preservar sua própria segurança emocional e é regulada por ele. De acordo com essa hipótese, a reação emocional negativa serve de agente causal para manter a segurança emocional dos filhos.

A atuação desse esquema pode ser observada quando a criança/adolescente tenta alterar o fator de estresse por meio da solução do problema. Ela pode intervir na situação (mediar, desviar a atenção do assunto, dar auxílio/conforto a um ou ambos os pais), tentando mudar seu próprio estado emocional nas diversas condutas. Ela também pode fugir, evitar a situação, fazer uma reavaliação positiva do conflito, procurar suporte emocional e/ou tentar se distanciar da situação conflituosa (Cummings e Davies, 2002).

De acordo com Davies e Cummings (1994), a segurança emocional dos filhos tem um papel fundamental – como mediadora – das situações em que eles são expostos aos conflitos e influencia o modo como eles fazem a representação interna das discórdias interparentais. É também um fator fundamental no controle do aumento da ativação fisiológica (ansiedade) emocional diante do conflito e na organização e motivação da resposta a este. Os autores assinalam que a representação internalizada das relações conjugais e o processo de respostas que se desenvolve no tempo têm implicações no ajustamento psicológico das crianças e dos adolescentes.

Cummings e Davies (2002) apresentam uma revisão do tema, na qual consideram que as duas abordagens são significativas para a compreensão do contexto familiar, visto que o ajustamento é conceituado com base nos processos de adaptação e desenvolvimento, ou seja, nos padrões de respostas à situação conflituosa dentro de um contexto de mudança ao longo do tempo. Dessa maneira, os autores propõem um modelo de análise que inclui o contexto e os processos envolvendo o conflito – o *process oriented*. Nesse modelo, todos os fatores que afetam o desenvolvimento são importantes na medida em que abarcam as influências tanto positivas (proteção) quanto negativas (risco) na evolução e na complexa relação entre elas.

Nessa abordagem, os autores reconhecem que o relacionamento conjugal tem efeito direto no funcionamento psicológico dos filhos e também que seus efeitos indiretos são influenciados pelas práticas parentais e pelos relacionamentos entre pais e filhos. Isso justifica o crescente aumento de estudos sobre os efeitos do conflito conjugal para os filhos. As pesquisas também assinalam que os efeitos dos conflitos interparentais não são estáticos, mas refletem uma relação dinâmica de influências ao longo do tempo.

O modelo *process oriented* provê a base para caminhos de múltipla conceituação dos efeitos provocados pelos conflitos. A ênfase é colocada nos processos dinâmicos de interação entre fatores intra e extraorgânicos, em contraste com as noções relativamente estáticas de associações entre caracterizações gerais da discórdia marital e seus resultados para a prole. Esses processos de interação são complexos, multidimensionais e dinâmicos e estão sujeitos a constantes transformações. As teorias atuais fazem mais do que procurar um simples fator: elas assumem a concepção de que existem múltiplos mecanismos causais operando no sistema.

Margolin, Oliver e Medina (2001, p. 30) assinalam que, na perspectiva da resiliência, os fatores de proteção em crianças e adolescentes resilientes diante de situações hostis e abusivas incluem as características individuais e ambientais. A literatura sobre o tema considera as características individuais a maneira pela qual os filhos avaliam as situações de conflito, as respostas de *coping*, o tônus fisiológico[3] e a inteligência. Esses fatores são significativos e influenciam a relação entre o conflito conjugal e as respostas da prole. As autoras enfatizam que a parentalidade, além de ser a principal característica a ser considerada variável de proteção ou de risco, pode ser um recurso, um mecanismo e um fator de proteção ou vulnerabilidade. Apesar de a associação entre parentalidade e respostas de crianças e adolescentes ser bidirecional e recíproca, a maioria dos estudos tem efetuado a análise em apenas uma direção.

Numa revisão mais recente da literatura sobre o impacto dos conflitos conjugais no desenvolvimento psicológico dos filhos, Benetti (2006) ressalta que o modelo processual de análise deve seguir uma abordagem baseada na complexidade dinâmica dos fatores envolvidos na situação conflituosa.

Os efeitos dos conflitos conjugais sobre os filhos

Considerando o impacto dos conflitos conjugais sobre a prole, os estudos demonstram que, por meio do processo de desenvolvimento cognitivo, as reações e os efeitos apresentados pelos filhos seguirão as fases da faixa etária específica em que eles se encontram. Como vimos no capítulo anterior, o nível de desenvolvimento cognitivo é importante na compreensão e construção da "realidade" vivenciada por crianças e adolescentes na família (Souza, 1997, 1998; Ramires, 2002, 2004; Schwartz, 1992; Souza e Ramires, 2006; entre outros).

Alguns estudos demonstram que a adolescência é a etapa em que os indivíduos apresentam menor impacto e interferência direta dos conflitos interparentais, menor vulnerabilidade no desenvolvimento emocional/cognitivo e maior clareza na percepção, discriminação e expressão dos conteúdos presenciados no cotidiano das famílias (Cummings, Zahn-Waxler e Radke-Yarrow, 1984; Cummings *et al.*, 1989; Grych e Fincham, 1990; Cummings, Ballard e El-Sheikh, 1991; Cummings, Ballard, El-Sheikh e Lake, 1991; Burns e Dunlop, 2003).

---

3. Tônus fisiológico é a medida da ramificação parassimpática do sistema nervoso central, que é um marco fisiológico da habilidade da criança em focalizar o processo de atenção e inibir a ação imprópria (Katz e Gottman, *apud* Margolin, Oliver e Medina, 2001, p. 25).

Os adolescentes têm uma percepção do conflito conjugal mais próxima da própria vivência da discórdia expressa pelos adultos. Comparados com as crianças, os jovens têm uma visão mais distinta da complexidade dos sentimentos e das motivações envolvidas nas desavenças entre os pais. Eles compreendem melhor as emoções e intenções conflitantes, discriminando e confrontando seus sentimentos e interesses com os dos pais. Paralelamente a isso, eles estão num momento de vida em que tentam se diferenciar dos genitores para conquistar uma autonomia própria na exploração e busca de individuação.

Apresento a seguir os resultados e comentários de alguns estudos significativos a respeito dos efeitos dos diversos níveis de conflitos conjugais no processo de desenvolvimento emocional e cognitivo dos filhos e sua inserção no contexto familiar, com pais divorciados e não divorciados.

Burns e Dunlop (2002), num estudo longitudinal realizado com adolescentes de 13 a 16 anos, que foram reavaliados dez anos depois, constataram que um grande envolvimento com conflitos interparentais levou os filhos a desenvolver atitudes de desconfiança na própria conjugalidade. A desconfiança no relacionamento foi alta nos grupos de filhos de pais divorciados e de não divorciados cuja prole estava envolvida nos conflitos conjugais. As autoras enfatizam que o envolvimento nas discórdias tem efeito a longo prazo, e o efeito demonstrou-se similar entre os dois grupos. Na pesquisa, foi mencionado o estudo de Cashmore e Goodnow (1985), no qual se conclui que a visão dos filhos sobre a atitude e o comportamento dos pais é bem diferente da descrição feita pelos próprios genitores e que a percepção dos jovens sobre os conflitos e seu nível de envolvimento com eles interferem em seu ajustamento psicológico e social. O grau de conflito percebido no início da adolescência influencia a autoimagem e o nível de ansiedade dos filhos, porém não houve diferença significativa entre os dois grupos avaliados.

Nessa investigação, o único preditor de autoestima encontrado se relacionava ao gênero, ou seja, adolescentes/rapazes (nos dois grupos) apresentaram uma autoimagem melhor do que a das moças. A pesquisa demonstra que a autoestima do adulto não é influenciada por sua autoestima no passado e isso indica que a adolescência é uma fase de transformação em que as questões da infância podem ser revisadas. De acordo com as pesquisadoras, os aspectos disfuncionais do passado relativos ao relacionamento entre os pais não precisam perseguir a criança na vida adulta, pois o relacionamento contemporâneo demonstra ser mais importante.

Burns e Dunlop (2003), utilizando a mesma amostragem e o mesmo procedimento do estudo anterior (2002), publicaram os resultados referentes às características de personalidade dos pais e adolescentes (depressão, ansiedade, sensibilidade e submissão). Elas concluíram que, quanto maior a maturidade socioemocional (autoconfiança, controle dos impulsos, responsabilidade, empatia e cooperação) dos adolescentes (percebida de maneira independente por pais e filhos), maior a maturidade socioemocional destes na vida adulta (adolescentes reavaliados dez anos depois) e, portanto, melhor o resultado no relacionamento conjugal (ajustamento conjugal e resolução de conflitos).

Ainda nesse estudo, o divórcio dos pais ocorreu durante a adolescência dos filhos. Os resultados não demonstraram diferenças significativas entre os grupos (filhos de divorciados e de não divorciados), evidenciando que os adolescentes são menos suscetíveis a sofrer influências negativas, se comparados com as crianças pré-adolescentes. Isso reforça a concepção de que a habilidade cognitiva e certa autonomia emocional são responsáveis por esse tipo de efeito.

Benetti (2006), na revisão da literatura sobre o tema, assinala que as características de gênero têm apontado para tendências variadas; porém, em algumas investigações, os meninos apresentam maior tendência a manifestar distúrbios de conduta e agressividade do que as meninas, as quais demonstram maior tendência a condutas e afetos depressivos. Este último aspecto fora anteriormente constatado por Fincham (1994).

Cummings *et al.* (2006) estudaram a importância do conflito interparental nas relações de vinculação aos pais e nas relações familiares. Eles concluíram que o conflito interparental é uma variável mais importante que o divórcio para explicar as diferenças na qualidade das relações entre os filhos e os pais e na adaptação psicossocial dos membros de uma família.

Sobolewski e Amato (2007) realizaram um estudo sobre a relação entre conflitos maritais e o divórcio, padrões de relacionamento e a vivência de bem-estar dos jovens na vida adulta. Eles constataram que o divórcio e os conflitos conjugais aumentam a probabilidade de os filhos não ficarem muito próximos a nenhum de seus pais na vida adulta. O divórcio dos pais (não os conflitos) parece aumentar a probabilidade de que os filhos fiquem próximos de apenas um dos genitores. Os autores concluíram que os filhos, quando crescem em famílias com baixo nível de conflitos maritais, apresentam alto nível de bem-estar e ficam próximos de ambos os pais na vida adulta. Nos casos de divórcio e alto nível de conflitos, os filhos não se sentem melhor próximos a ambos os pais, mas a apenas um deles.

Moura e Matos (2008) investigaram as variações da vinculação aos pais em função da estrutura familiar (famílias intactas e divorciadas) e do conflito interparental e analisaram as diferenças de gênero dos adolescentes e das figuras parentais. Nesse estudo, os resultados apontam para o fato de que as moças apresentam maior ansiedade diante da possibilidade de separar-se das figuras parentais. Elas necessitam de maior proximidade emocional e são mais dependentes do relacionamento com os genitores. Além disso, tendem a perceber mais os conflitos entre os pais e sentem-se mais ameaçadas por essas discórdias. Os rapazes de famílias divorciadas demonstram menor qualidade no laço emocional e menos ansiedade diante da possibilidade de separação somente da figura paterna.

Ainda nesse mesmo estudo, os pesquisadores demonstram que o divórcio afeta mais o relacionamento do jovem (rapaz e moça) com a figura paterna, ao passo que o conflito interparental surge como a variável mais significativa na vinculação dos filhos aos pais. Os conflitos entre os pais afetam a qualidade do elo emocional com ambas as figuras parentais, independentemente da estrutura familiar. Os pesquisadores enfatizam que o divórcio e/ou o conflito entre os pais são acontecimentos de vida potencialmente negativos que poderão levar a mudanças nas relações de vinculação que os filhos estabeleceram com cada uma das figuras parentais.

Buehler e Gerard (2002), ao analisarem a relação entre conflito conjugal, parentalidade ineficiente e ajustamento de crianças e adolescentes em famílias de diferentes etnias e renda familiar, incluindo população em nível de pobreza, concluíram que conflitos conjugais estão associados com o maior uso de disciplina severa pelos pais, baixo nível de envolvimento dos pais com os filhos, maior frequência de conflitos pais-filhos e, consequentemente, maiores problemas cognitivos e emocionais para a prole. O efeito *spillover* do conflito (que ocorre quando a alta frequência de conflito entre os pais está relacionada com maiores problemas nas relações entre pais e filhos) e a consequente dificuldade no ajustamento dos filhos quando a parentalidade é ineficiente também foram constatados em meninos e meninas de famílias de primeiro casamento.

De acordo com os resultados desse estudo, um dos efeitos deletérios dos conflitos conjugais, especificamente de desacordos e agressões verbais, refere-se ao nível e à frequência com que os pais tendem a espancar os filhos, dar bofetadas/tapas neles e gritar ou mesmo brigar com eles. Esse tipo de hostilidade física e/ou verbal dos pais, apesar de não ser considerado abusivo pela maioria das famílias, influi no ajustamento de crianças e adolescentes.

Outro aspecto deletério do conflito conjugal é o baixo nível de envolvimento do pai. Em geral, o pai é menos atento com os filhos, passa pouco tempo com eles, não acompanha as lições de casa dadas pela escola, brinca menos com eles e estão mais engajados em atividades sociais. À medida que o conflito com a esposa aumenta, torna-se mais absorvido pelos problemas do relacionamento conjugal, menos disponível para os filhos e mais preparado para utilizar práticas disciplinares punitivas com menos argumentação verbal. Esses resultados indicam que adolescentes cujo pai apresenta um tipo de relacionamento que tende a afastá-lo por meio da coerção e hostilidade podem desenvolver um padrão de comportamento agressivo e desviante.

Schulz *et al.* (2005) analisaram a relação entre hostilidade interparental e comportamento dos adolescentes em três diferentes momentos (aos 14, 15 e 16 anos) durante a interação familiar, incluindo adolescentes hospitalizados em razão de dificuldades psiquiátricas e adolescentes de população não clínica. Os autores concluíram que as interações familiares com maior hostilidade interparental eram sempre acompanhadas de maior expressão de hostilidade dos pais nos relacionamentos com seus filhos.

Os pesquisadores também constataram que, quanto maior a hostilidade entre os pais, maior hostilidade os adolescentes expressavam quando, nos encontros familiares, se engajavam em assuntos sobre dilemas morais, independentemente da história psiquiátrica dos participantes. Esses resultados indicam um padrão comum de comportamento apresentado pelos adolescentes na presença dos conflitos conjugais, o que é consistente com estudos apresentados por outros pesquisadores. Os autores consideraram que a hostilidade e o engajamento hostil dos filhos nos dilemas morais podem ser funcionais. Isso ocorre à medida que os jovens emocionalmente fechados diante das discórdias parentais tentam recuperar o senso de segurança emocional. Eles o fazem por meio de respostas e ações hostis, a fim de obter o controle da situação ou mesmo tentar ter a atenção dos pais, reduzindo a possibilidade de continuidade dos conflitos entre eles.

Os autores acrescentam ainda que o processo e a capacidade de controlar as emoções podem fazer os adolescentes utilizarem respostas hostis ou facilitadoras (não hostis) diante das discórdias dos pais – quando expostos a sentimentos negativos, os adolescentes considerados mais capazes de moderar suas expressões e seus comportamentos emocionais são menos propensos a aumentar a hostilidade na presença das discórdias conjugais. Conforme esperado pelos autores, a qualidade da relação entre pais e filhos assume um papel importante na predição do comportamento da prole na interação familiar, pois as crianças que geralmente são expostas a maiores hostilidades entre os pais tendem a utilizar estratégias hostis e menos construtivas na presença deles.

Na investigação, eles enfatizam que o grau de covariância entre a hostilidade do adolescente e a dos pais depende, em parte, da idade do adolescente no momento de observação da interação familiar. O estudo indica que, com o decorrer do tempo, os adolescentes passaram a apresentar menor probabilidade de dar respostas hostis às discussões entre os pais, demonstrando que o desenvolvimento pode levar ao aumento do controle emocional ou a mudanças no significado das discórdias parentais para eles. Quanto mais velhos e mais autônomos os adolescentes ficam, maior é a tendência a ficarem menos preocupados com os conflitos e se distanciarem mais deles para preservar o próprio bem-estar emocional e, consequentemente, a serem menos afetados pelas hostilidades dos pais.

Por fim, os autores consideram impossível ter maior clareza sobre até que ponto o comportamento do adolescente é influenciado pela hostilidade entre os pais ou a influencia. Mesmo quando a relação entre os resultados parece ser fidedigna, a linguagem específica e os significados ocultos existentes na comunicação familiar, assim como a complexidade das interações, pode desafiar o direcionamento das influências. Por outro lado, pode variar a habilidade e disponibilidade de os adolescentes nomearem e apresentarem suas reações e de discutirem aspectos emocionais de sua vida. De qualquer modo, parece claro que, como um mecanismo do relacionamento, o desequilíbrio emocional dos adolescentes está relacionado com a flutuação da hostilidade interparental.

Com base em conceitos e princípios da visão sistêmica sobre família, Grych, Raynor e Fosco (2004) analisam os processos de proteção e risco envolvidos no impacto dos conflitos conjugais sobre adolescentes de diferentes etnias e grupos socioeconômicos. Os autores assinalam a triangulação como um processo em que a exposição dos filhos às discórdias entre os pais aumenta o risco de desenvolverem problemas emocionais e cognitivos, pois estão mais vulneráveis às dificuldades advindas da dinâmica familiar estabelecida pelo contexto. No processo de triangulação, crianças e adolescentes são envolvidos pelos desentendimentos entre os pais ou se sentem atraídos a entrar no meio, e isso representa uma violação das fronteiras entre dois subsistemas: o conjugal e o de pais-filhos. Os autores consideram a triangulação uma tentativa de evitar a expressão aberta dos conflitos conjugais ao se direcionar a atenção para a criança/adolescente ou para o esforço de um dos pais para conseguir o apoio dos filhos na situação.

Nessa investigação, os pesquisadores concluíram que os adolescentes são mais propensos a entrar em processos de triangulação nas desavenças conjugais à medida que o conflito se torna mais frequente e intenso. O estudo demonstra que a triangulação afeta adolescentes de famílias divorciadas e não divorciadas de maneira similar. Isso parece ser mais comum em famílias divorciadas, pois nelas os filhos estão frequentemente propensos a uma maior proximidade com um dos pais, o que é visto como uma traição ao outro, ampliando, assim, o conflito de lealdade dos filhos comumente estabelecido na triangulação. Dessa maneira, a triangulação pode afetar o relacionamento entre pais e filhos, assim como as crianças e os adolescentes podem triangular diante dos conflitos conjugais e consequentemente desenvolver uma aliança mais forte com um dos pais e se distanciar do outro.

Os autores acrescentam que a triangulação não é sempre iniciada pelos pais, pois os filhos podem utilizar esse processo para interferir nas discórdias a fim de reduzir a tensão que eles experimentam. Por outro lado, ao se colocar no meio dos conflitos ou ao ser compelida a se colocar do lado de um dos genitores e contra o outro, a maioria dos filhos pode sentir enorme tensão e, consequentemente, ansiedade, ressentimento ou culpa. Se a triangulação se torna um padrão consistente dos relacionamentos, nos momentos em que os pais estão em discórdia, esses sentimentos podem ser persistentes e levar os filhos a desenvolver problemas emocionais e cognitivos. Desse modo, a triangulação pode resultar num processo em que os filhos se tornam o alvo da hostilidade e agressão dos pais, o que gera uma série de dificuldades nos demais relacionamentos familiares.

Os autores consideram que a violação das fronteiras nos relacionamentos pode ser especificamente problemática para os filhos dependendo da fase de desenvolvimento em que se encontram. Os adolescentes estão numa faixa etária em que buscam uma individualização, e o envolvimento nas disputas conjugais ou na colisão entre as gerações pode interferir no esforço de estabelecerem uma maior autonomia dos pais. Outro aspecto indicado por esse estudo é que os filhos com forte aliança com um dos pais aparentam ser menos ameaçados pelos conflitos e menos propensos aos sentimentos de culpa quando as discórdias ocorrem. A segurança do vínculo com um dos pais lhes permite fazer a separação de seus conteúdos emocionais dos desacordos conjugais e evita que tenham de assumir a responsabilidade da situação ou se sintam compelidos a resolvê-la.

Da mesma maneira, a habilidade dos pais em proteger os filhos da exposição aos conflitos e do estabelecimento de alianças baseadas em hostilidade contra o outro genitor evita que a prole fique numa posição intermediária nas disputas entre os pais (Hetherington e Stanley-Hagan, 1999). Apesar de os conflitos interparentais tenderem a influenciar a qualidade das relações familiares, os pais que, mesmo com as desavenças, se mantêm dando suporte e atenção aos filhos e respondendo às demandas emocionais deles podem reduzir os efeitos adversos das discórdias conjugais. Além disso a proximidade com um dos genitores pode gerar uma sensação de proteção.

Sobolewski e Amato (2007) investigaram a associação das discórdias parentais e divórcio, dos padrões de relacionamento entre pais e filhos com o bem-estar de adultos e crianças das famílias estudadas. Os autores concluíram que os filhos que apresentaram o mais alto nível de bem-estar foram os que cresceram em famílias com pais de primeiro casamento e com baixo nível de conflitos interparentais, sendo os filhos próximos de ambos os genitores. Entretanto, nos casos de famílias divorciadas, as crianças que obtiveram os maiores índices de bem-estar psicológico não foram as que ficaram próximas de ambos os pais, mas as que ficaram próximas de somente um deles.

Esses resultados levantam a questão do conflito de lealdade, comum aos filhos de pais separados, como fator crítico nos relacionamentos entre pais e filhos no período pós-separação. No caso de separação dos pais, talvez seja menos conflitante para os filhos já ter um dos genitores como mais próximo, e o outro como aquele que sempre estará mais distante, do que estar envolvidos em conflitos de lealdade por se sentirem próximos de ambos. O custo emocional desse conflito pode ser de tal ordem que supere os benefícios de se estar próximo dos dois genitores.

O tipo de parentalidade exercida dentro da família é significativo para os efeitos dos conflitos, independentemente do gênero dos pais. Doyle e Markiewicz (2005) desenvolveram um estudo longitudinal no qual constataram que, apesar de considerar-se na literatura que os conflitos conjugais têm alta correlação com os problemas emocionais e cognitivos dos filhos, essas associações são influenciadas pela parentalidade. Os conflitos entre os pais afetam negativamente a parentalidade, porém a maneira como os pais interagem diretamente com seus filhos pode provocar mudanças nos índices de ajustamento.

As autoras constataram que o controle psicológico que os pais exercem utilizando zombarias (chamando o filho de nomes pejorativos), induzindo culpa e ansiedade (afirmando que o filho causa estresse) e argumentando com coerção e hostilidade foi o fator de maior influência nos problemas de ajustamento dos filhos, e isso é consistente com a visão de que essas técnicas de parentalidade induzem a vergonha, a ansiedade e, em especial, a culpa. Elas verificaram também que o envolvimento caloroso dos pais diminui os problemas de ajustamento e aumenta a autoestima dos filhos, ao passo que o estilo de apego inseguro, especialmente com relação a ser ou não merecedor do amor parental, foi relacionado com problemas de adaptação emocional e cognitiva apresentados pelos filhos.

Outra importante pesquisa confirma os efeitos dos conflitos conjugais para o ajustamento psicológico e social dos adolescentes. Esse estudo (Bradford *et al.*, 2004) foi realizado em nove países (Bangladesh, China, Índia, Bósnia, Alemanha, Palestina, Colômbia, Estados Unidos e África do Sul, região em que foram estudados três grupos étnicos), com 9.050 jovens entre 14 e 17 anos que cursavam diferentes escolas de áreas metropolitanas. Os resultados demonstram a relevância da parentalidade como função fundamental, que interfere (direta ou indiretamente) nos efeitos dos conflitos maritais para as respostas psicológicas e sociais dos adolescentes. Os autores enfatizam que os conflitos podem trazer problemas de comportamento para crianças e adolescentes, porém não necessariamente comprometem a função adaptativa dos jovens, que pode sofrer mudanças dependendo de como o pai e a mãe se relacionam com os filhos. Eles consideram como um aspecto positivo do estudo o fato de terem encontrado padrões comuns discerníveis na vida dos jovens de diferentes nacionalidades, religiões, línguas, classes sociais etc., que compartilham das mesmas reações diante dos efeitos e riscos advindos dos conflitos interparentais.

Benetti (2006) considera que a presença de conflitos no funcionamento familiar não está, por si só, necessariamente associada a dificuldades no ajustamento dos filhos e depende dos aspectos específicos de cada dimensão. Apesar de termos apresentado alguns efeitos destrutivos dos conflitos interparentais, também existem as condutas parentais que podem exercer uma função construtiva no amadurecimento dos filhos, desde que sejam utilizadas como situações de aprendizagem no crescimento emocional. Essas situações se manifestam em condutas que evidenciam tentativas de resolução dos conflitos e procura de alternativas e explicações sobre os acontecimentos, indicando que as discórdias parentais ocorrem em momentos em que os problemas entre os pais devem ser discutidos e trabalhados.

A complexidade que envolve a análise dos efeitos dos conflitos conjugais sobre os adolescentes deve conter os aspectos referentes à concepção deles dos conflitos vividos e expressos nessa fase específica do ciclo vital. Deve-se observar também que as variáveis atuantes advindas do contexto familiar compõem padrões próprios, repletos de significados, da população que se prepara para assumir seus futuros papéis na conjugalidade.

Parentalidade e hostilidade entre pais e filhos

O exercício da paternidade tem sido tema de interesse entre os profissionais das áreas de saúde pública e privada. Como deve ser um "bom" pai e uma "boa" mãe? Como os pais devem agir com seus filhos quando ocorrem determinadas contingências, sem nenhum referencial de ajuda? De fato, a criação dos filhos tem causado cada vez mais dilemas para pais e profissionais.

O aumento da violência no contexto doméstico e a participação gradativa do pai no cotidiano dos filhos trazem um novo cenário para os relacionamentos familiares. As práticas educativas utilizadas pelos pais também têm assumido, muitas vezes, proporções desastrosas sem que seja dada muita ênfase aos aspectos de risco para o desenvolvimento emocional dos filhos. Os danos psicológicos causados por situações que são absorvidas, no dia a dia, como técnicas de disciplina disfuncionais ou até perversas acabam gerando hostilidade descontrolada, o que torna a comunicação e o relacionamento entre pais e filhos árduas tarefas a serem enfrentadas.

No âmbito doméstico, o manejo e a resolução dos conflitos conjugais são pontos centrais no estabelecimento do clima emocional familiar. Quando são resolvidos entre o casal de maneira satisfatória, os conflitos servem de modelo de conduta para a relação dos filhos com outros familiares e para seu convívio social. Por outro lado, quando são desenvolvidos padrões negativos no relacionamento entre os pais, as normas de atuação dos filhos poderão conduzi-los a esquemas hostis e disfuncionais nas relações familiares e sociais.

Katz e Gottman (1993) descrevem dois padrões negativos de resolução de conflitos capazes de gerar efeitos disfuncionais. O primeiro, denominado "exigência *versus* evitação", diz respeito à tentativa de um dos cônjuges de mudar o outro por meio de críticas, exigências e demandas intensas. Essas atitudes provocam a distância e o desinteresse do outro parceiro, que passa a evitar a situação de contato, cala-se ou deixa de demonstrar qualquer forma de interação, apresentando um padrão de abandono. O segundo padrão é denominado pelos autores de "mútua hostilidade contínua". Nele as críticas, manifestações de afeto negativo e utilização de ironia ou comentários depreciativos dirigidos ao parceiro assumem um padrão constante, caracterizado por mútua hostilidade contínua entre o casal.

Numa investigação sobre o impacto dos conflitos conjugais nos filhos, Santos e Costa (2004) enfatizam que os efeitos da dinâmica conjugal violenta sobre o desenvolvimento da prole associam-se à posição ambivalente da criança ao deparar com os conflitos entre os pais. Isso ocorre com muita frequência, pois a aliança e a lealdade com ambos os pais colocam a criança numa situação de opção entre defender o agressor ou a vítima, ocorrendo, em consequência disso, divisões internas em seu psiquismo. Em geral, o fato de a criança viver num clima de forte tensão emocional, especialmente quando o pai se aproxima dela e/ou quando é colocada como responsável pela discórdia entre o casal, faz que essa criança "opte" por se distanciar do pai como alternativa para acabar com as pressões exercidas pela mãe, de quem se sente mais próxima, pois vive e depende dela no cotidiano.

A ocorrência de contínuos episódios de conflitos conjugais como padrão de relacionamento familiar é o principal fator de estresse para os filhos. Em geral, para os casais, a intensidade dos conflitos pode variar de desavenças verbais – numa disputa calma e com alto índice de resolução das questões entre os pais – a episódios constantes envolvendo agressão e violência verbal, emocional e/ou física.

No caso da separação, com variação de intensidade, frequência e recursos psicológicos pessoais para a resolução dos conflitos conjugais, temos, num extremo, casais com alto ou médio nível de recursos psicológicos que conseguem respeitar o ex-cônjuge, separando, nos cuidados dos filhos, os aspectos da conjugalidade rompida das questões da parentalidade. Esses casais são capazes de assumir um sistema de guarda compartilhada da prole no período pós-separação.

No outro extremo, estão os casais com alta intensidade e frequência de discórdias conjugais e poucos recursos psicológicos para a resolução delas. Esses casais não conseguem separar a conjugalidade da parentalidade e costumam assumir o sistema de guarda única, a qual estabelece um tipo de convivência entre pais e filhos que permite a instalação de um padrão de relacionamento capaz de se tornar abusivo na dinâmica familiar. Além disso, eles podem, com seu padrão disfuncional de relacionamento, instalar a Síndrome da Alienação Parental.

Síndrome da Alienação Parental (SAP)

Richard Gardner, psiquiatra infantil forense, professor na área de clínica psiquiátrica infantil da Universidade de Columbia e profissional atuante nas intervenções psicológicas e psiquiátricas do sistema judiciário na cidade de Nova York, identificou pela primeira vez em 1985 a Síndrome da Alienação Parental (SAP) e a definiu como um distúrbio que ocorre quase exclusivamente no contexto de disputa judicial da guarda de filhos (Gardner, 1985; 1986; 1987a; 1987b; 1989; 1992; 1998). Nesse distúrbio, um dos pais (genitor alienador) programa a criança para que odeie e/ou evite o outro (genitor alienado) sem justificativa. Quando a síndrome se instala, a criança dá sua própria contribuição à campanha para desmoralizar o genitor alienado e dele se afastar.

A SAP resulta da combinação do ensinamento sistemático por parte de um dos pais (genitor alienador) e das inúmeras abordagens à criança destinadas à desmoralização do outro (genitor alienado), que é o alvo de uma intensa e incansável campanha denigridora (Gardner, 1992; 1998). Em consequência dessa campanha, a criança acaba manifestando uma visão negativa, totalmente fora da realidade e desproporcional acerca do genitor alienado (Brandes, 2000), sem nenhuma justificativa razoável para tal depreciação, que é apenas resultante da prática patológica do genitor alienador.

A campanha de desmoralização do genitor alienado se evidencia após a separação. A alienação parental ocorre nas situações em que a criança justifica seu desejo de alienar um dos genitores por razões de negligência, abandono ou mesmo abuso físico e/ou sexual, num contexto em que essas situações são exageradas ou mesmo criadas pelo genitor alienador. Na maioria dos casos, o alienado pode prover amor como qualquer outro genitor e/ou pode apresentar também um padrão regular, igual ao de outros pais, nos cuidados com os filhos (Gardner, 1998).

A síndrome se manifesta com maior frequência no ambiente materno, visto que sua instalação necessita de muito tempo e a mãe é aquela que, na maioria dos casos, detém a guarda dos filhos (Major, 2000), ficando o pai na posição de visitante da prole. Entretanto, numa pequena porcentagem de casos, a síndrome pode ser iniciada no contexto paterno, em que o pai é o instituidor da campanha denigridora contra a mãe (Gardner, 1998).

Em qualquer uma das situações, a criança vai sendo programada num contexto em que ela não pode se defender. Do ponto de vista psicológico, esse aspecto é abusivo para a criança, que tem a necessidade e o direito de conviver com ambos os pais. A SAP tem sido identificada nos contextos de vários tipos de abuso parental, tais como abuso físico, psicológico ou até mesmo sexual. Em São Paulo e em outras capitais do país, o contexto de separação dos pais facilita a instalação da síndrome especialmente pelo fato de que a lentidão das decisões judiciais funciona a favor do estabelecimento desse fenômeno.

A Síndrome da Alienação Parental só pode ser diagnosticada quando não há nenhum indício referente à acusação da qual o genitor está sendo vítima que justifique o nível de degradação apresentado pela criança. O exagero da criança a respeito da menor fragilidade e da deficiência do genitor alienado é a principal marca de identificação da síndrome. Quando existe um verdadeiro abuso dos filhos por parte de um dos genitores, a resposta de hostilidade da criança ao abusador pode ser compreendida e o diagnóstico da síndrome deve ser descartado (Gardner, 1998).

Na SAP, o genitor alienador muitas vezes é uma pessoa superprotetora que pode estar cega de raiva ou movida por um desejo de vingança provocado pela inveja e/ou pela cólera (Gardner, 1992), apresentando forte sentimento de mágoa ou ressentimento pela conjugalidade interrompida. É, em geral, uma pessoa que apresenta dificuldades de ter empatia e compaixão e de poder ver a situação do ponto de vista de outra pessoa, especialmente os filhos. O alienador também apresenta dificuldades para compreender a diferença entre a verdade e sua própria concepção sobre a narrativa por ele construída (Major, 2000).

De acordo com Bone e Walsh (1999), o objetivo do alienador é excluir o outro genitor da vida dos filhos. Ele se coloca erroneamente como protetor do filho, violando o princípio de que cada genitor deve favorecer o desenvolvimento positivo da relação entre os filhos e o ex-cônjuge. Isso ocorre especialmente quando os filhos são pequenos e mais fáceis de serem manipulados. Nesse contexto, a criança se torna aliada do genitor que detém a guarda e que passa com ela a maior parte do tempo. A criança está sempre fortemente envolvida com o alienador, pois sua identidade ainda está indefinida, e ela absorve a negatividade e o relato do alienador contra o alienado como sendo realidade (Darnall, 1998).

Estudos na área (Gardner, 1992; Major, 2000) demonstram que o alienador é muito convincente na representação ilusória de seu desamparo e nas suas descrições. Ele consegue, muitas vezes, fazer as pessoas envolvidas acreditarem nele (funcionários, policiais, assistentes sociais, advogados e mesmo psicólogos), porém, durante uma entrevista de avaliação, pode cometer falhas em seu raciocínio.

Segundo Gardner (2002), a SAP é caracterizada por um conjunto de sintomas das crianças que aparecem juntos na maioria dos casos da síndrome, especialmente nos mais severos:

1) a campanha de degradação do genitor alienado;
2) agressividade verbal e/ou física justificada pela criança com motivos fúteis ou absurdos;
3) a criança expressa sentimento de ódio e/ou desprezo sem ambivalência;
4) a criança não demonstra culpa por denigrir ou agredir o genitor alienado e os demais familiares;
5) a criança pode afirmar que chegou sozinha às suas conclusões;
6) a criança adota a defesa do genitor alienador de modo racional;
7) a animosidade da criança em relação ao genitor alienado pode ser extensiva aos amigos e familiares dele;
8) a criança conta casos que não viveu e guarda na memória fatos considerados "negativos" sobre o genitor alienado dos quais ela não se lembraria sem a ajuda de outra pessoa (alienador).

Em muitos casos de SAP, o vínculo entre a criança e o alienado se torna quase que irremediavelmente destruído, pois fica difícil reconstruir o vínculo entre a criança e esse genitor se houver um espaço de tempo sem o contato entre ambos (Gardner, 1992).

É importante salientar que em geral o diagnóstico da síndrome é avaliado de acordo com o grau e a intensidade com que a criança denigre e rejeita a figura do alienado. A experiência e a habilidade do profissional em detectar a síndrome devem ser permeadas pela compreensão dos diferentes níveis de alienação, constatados na dinâmica dos relacionamentos familiares antes e depois da separação. Diferentes níveis da síndrome vão requerer diferentes tipos de intervenção, focalizando-se sempre o melhor interesse da criança.

Gardner (1998) enfatiza a importância fundamental, para qualquer profissional que se encarregue do encaminhamento de uma criança que apresente a síndrome, de uma boa avaliação diagnóstica para que as medidas legais possam acompanhar as diferentes intensidades dos sintomas. Para isso, ele descreve três categorias de alienação parental: leve, moderada e severa.

Na categoria leve, a alienação é relativamente superficial e a criança é cooperativa nas visitas, porém intermitentemente crítica e descontente. Ela apresenta com baixa frequência as oito principais manifestações da síndrome. Nesses casos, a abordagem legal deve conter apenas a confirmação de que a mãe poderá ficar com a guarda da criança, sem a necessidade de qualquer intervenção terapêutica ou judicial, visto que os sintomas tendem a desaparecer uma vez que o tribunal decida efetivamente que a guarda deve ficar com a mãe.

Na categoria moderada, a alienação é pior, pois a criança é mais desobediente e desrespeitosa e a campanha para denigrir o genitor alienado pode ser contínua. Durante as visitas ao alienado, ela apresenta um antagonismo provocativo intermitente. A campanha de degradação é mais proeminente nos momentos de transição entre a casa de um e do outro, em especial quando a criança percebe que a depreciação do alienado é basicamente o que o alienador quer ouvir. Em geral, o alienador é descrito como totalmente bom, e o alienado, como ruim. A ausência de culpa é tão grande que a criança pode parecer psicótica se apresentar falta de expressão, de desapontamento ou mesmo de frustração por não fazer a visita ao alienado (Gardner, 1998).

Quanto à abordagem legal, Gardner (1998) recomenda que a guarda seja mantida com a mãe, já que a criança está profundamente vinculada a ela. Em geral, essa medida pode aliviar as manifestações da síndrome. Como na maioria dos casos a criança pode continuar resistente às visitas ao pai, indica-se, assim, um psicólogo para monitorar essas visitas que possa utilizar seu consultório ou outro lugar como espaço de transição entre as casas da mãe e do pai. Esse profissional deverá acompanhar o caso e reportar ao juiz responsável qualquer problema que venha a ocorrer. Caso seja necessário, Gardner (1998) recomenda avisos iniciais e, posteriormente, sanções à genitora para que ela seja induzida a facilitar o contato entre a criança e o genitor alienado.

Esses dispositivos deverão auxiliar tanto a mãe quanto a criança na instauração de um sistema de visitas ao pai. De certa maneira, a sanção deverá tornar mais fácil para a criança ficar com o alienado, sem conflito de lealdade, pois ela poderá dizer que fará as visitas para que o alienador não sofra as consequências jurídicas da recusa dos encontros com o alienado. O pagamento de multas ou outras penalidades são impostos pelos juízes nesses casos (Motta, 2007), em geral com filhos maiores que não são tão vulneráveis à campanha denigridora do alienador. O primeiro nível de sanção recomendada por Gardner (1998) é a financeira, passando a patamares crescentes de punição de acordo com as condutas do genitor alienador e as possibilidades garantidas pela legislação vigente.

Na categoria severa, as visitas se tornam impossíveis, pois as crianças são tão hostis que chegam a ser fisicamente violentas com o genitor odiado, sem o menor sentimento de culpa. Em alguns casos, a hostilidade das crianças pode atingir níveis paranoicos, acompanhada de graves medos ilusórios, e por vezes elas chegam a temer serem assassinadas pelo genitor alienado, sem que haja absolutamente nenhuma evidência de que isso possa acontecer.

Nesses casos, o genitor alienador se comporta de modo obsessivo para comprovar sua premissa a respeito do suposto abuso cometido pelo alienado. De acordo com Darnall (1998), a maneira de proteger a criança desse sistema de ilusões é removê-la da influência do alienador. Se não acontecer uma intervenção, a criança poderá ficar abandonada e crescerá com pensamentos disfuncionais produzidos pelo alienador. Ela talvez tenha dificuldade em estabelecer uma relação positiva com o alienado, pois seus próprios processos de pensamentos foram alterados e direcionados a padrões patológicos. Assim, a intervenção dos tribunais é utilizada para que o alienado possa resgatar uma relação positiva com a criança.

Nos casos graves ocorridos nos tribunais norte-americanos, a transferência da guarda da mãe para o pai tem sido utilizada como único modo de controlar a compulsão materna de doutrinação da criança contra a figura paterna (Gardner, 1998). Nesses casos, Gardner recomenda a determinação de um local, que não seja a casa da mãe, como espaço neutro e seguro de transição para que o alienador fique sem nenhum contato com a criança antes que ela inicie os encontros gradativos com o alienado. Isso demanda tempo e profissionais habilitados para acompanhar os casos e aplicar medidas terapêuticas e legais como dispositivos complementares no trabalho direcionado ao melhor interesse da criança.

De certo modo, os procedimentos sugeridos por Gardner requerem uma boa integração dos profissionais que atuam na área da saúde mental com os representantes da Justiça. Nesses casos, as decisões dos juízes devem conter a perspectiva de uma intervenção rápida e cooperativa entre as pessoas (profissionais e amigos/parentes da criança) envolvidas. Assim, para a utilização desse modelo no Brasil, as intervenções necessitam ter estudos mais aprofundados sobre as consequências, a aplicação e a utilização dos parâmetros culturais e jurídicos do país.

Num estudo comparativo feito com adultos que foram alienados de um dos pais quando eram crianças, Baker (2005) realizou entrevistas com 40 pessoas e comparou a conduta e a identidade dos genitores alienadores com as de líderes de cultos. A pesquisa demonstrou que adultos cujos pais os alienaram do outro genitor descrevem o alienador da mesma forma que os devotos de cultos descrevem seus líderes. O alienador foi descrito como uma pessoa narcisista que requer excessiva lealdade e devoção. De acordo com a revisão desse artigo, apresentada por Godberg (2008), outras similaridades entre o alienador e os líderes de cultos incluem o uso de uma variedade de técnicas manipulativas a fim de induzir os filhos a um alto grau de dependência e, assim, aumentar o controle e poder sobre eles, bem como ser mais adulado por eles. Do ponto de vista psicológico, os efeitos negativos apresentados por esses filhos na vida adulta são baixa autoestima, culpa, depressão e falta de confiança neles e nos outros, o que dificulta o estabelecimento de vínculos afetivos.

O aspecto mais danoso da síndrome é encontrado nos casos graves em que são efetuadas falsas denúncias, em geral pela mãe, de abuso sexual praticado pelo pai contra os filhos. Em São Paulo, assim como em outras cidades do país, as falsas denúncias têm assumido enormes proporções e ocupado os representantes da Justiça na diferenciação entre o real e o falso abuso sexual. No caso da SAP, um dos indícios do falso abuso sexual pode ser constatado na maneira como a criança fala a respeito do alienado, ou seja, no padrão verbal aberto de rejeição e das frágeis e absurdas justificativas sem nenhuma manifestação de culpa.

Nos casos graves da SAP, a criança programada apresenta cenários de pouca credibilidade e necessita do auxílio dos irmãos ou do alienador para lembrar detalhes da situação do suposto abuso sexual (Motta, 2007). A falsa denúncia também não deixa de ser um padrão de abuso emocional e psicológico, porém é um modo abusivo que não deixa marcas observáveis, mas profundas perdas.

Baker (2007) assinala que os comportamentos descritos para a SAP também podem ocorrer em famílias não separadas ou ser observados em crianças que crescem em famílias em que o pai é o alienador que induz os filhos a ficar contra a mãe. De certa maneira, cada família apresenta padrões e dinâmicas de comportamento específicos que precisam ser cuidadosamente avaliados do ponto de vista psicológico.

Apesar dos inúmeros estudos publicados sobre a Síndrome da Alienação Parental, a utilização desses conceitos pelo Poder Judiciário tem trazido controvérsias sobre o modelo médico, até certo ponto pragmático, com que o psiquiatra forense Richard Gardner e seus seguidores enfocam e expõem os resultados de suas intervenções.

Emery (2005) apresenta sua crítica enfatizando que as ideias de Gardner deixam de atingir os mínimos padrões de uma abordagem científica. O autor enfatiza que o diagnóstico da SAP estaria mais relacionado a um conjunto de hipóteses derivadas do trabalho clínico, sem nenhum sentido no campo jurídico, visto que as recomendações judiciais acompanham os diferentes níveis de instalação da síndrome. Acrescenta que sua preocupação se refere aos recursos limitados dos pais diante dos dispositivos jurídicos disponibilizados quando diagnosticada a síndrome. De fato, o diagnóstico dessa síndrome necessita de muito cuidado e muita parcimônia no encaminhamento dado, visto que existem múltiplos fatores envolvendo o litígio entre os pais.

Lowenstein (2005) enfatiza que inúmeros trabalhos demonstram que crianças envolvidas na disputa judicial de alienação frequentemente apresentam graves problemas emocionais e comportamentais em consequência das discórdias, que só se resolvem com a intervenção de especialistas. Ele questiona as dificuldades encontradas na aplicação judicial dos conceitos envolvidos na síndrome, pois estes criam incertezas e acirram as discórdias relacionadas ao posicionamento dos profissionais das duas áreas de atuação (psicológica e jurídica). Por outro lado, Warshak (2002) assinala que inúmeras crianças rejeitam os pais, independentemente de terem sofrido alienação. Outras se recusam a ser alienadoras de um dos genitores, apesar do alto grau de tentativa de indução feita pelo outro, mas existem muitas crianças que são efetivamente programadas por meio do ensinamento sistemático de um dos genitores contra o outro, demonstrando a eficácia dos conceitos descritos por Gardner.

Num estudo realizado na internet com 448 profissionais que atuam nas áreas da saúde mental e do direito, Bow, Gould e Flens (2009) assinalam que essas pessoas revelaram conhecimento sobre os conceitos da SAP e as controvérsias relativas a essa síndrome. Acrescentam que os participantes concordam que há a necessidade de realizar pesquisas na área, pois se mostraram cautelosos, conservadores e relutantes quanto à aplicação dos conceitos contidos na síndrome. Eles não consideram importante a padronização desses conceitos nem mesmo os reconhecem como pertencentes a um quadro de violência doméstica. A variação na opinião dos participantes está relacionada com as diferentes profissões (advogados e juízes) e oscilou de acordo com a importância atribuída aos vários fatores da síndrome. Esses resultados demonstram a necessidade de esclarecimento e maior aprofundamento do trabalho realizado na intersecção entre a psicologia e o direito.

Nos estudos mais recentes (Bala *et al.*, 2007; Bow, Gould e Flens, 2009), influenciados pela publicação de Kelly e Johnston (2001), os autores propõem uma análise mais complexa partindo da ideia de que todos os membros da família assumem um determinado papel na trama referente à SAP. Com base nesse tipo de sistema, foi constatado que uma criança pode alienar um dos pais sem que o outro genitor apresente comportamento característico de alienador. Os resultados dos estudos na área indicam que comportamentos alienadores apresentados por ambos os pais são comuns em separações com alto nível de conflito. Em geral, nos pais rejeitados falta calor humano e empatia com os filhos e há uma parentalidade rígida, com atitudes críticas e passivas. Esses pais também se mostram depressivos, ansiosos ou ausentes nos momentos de vida significativos da criança. Os autores consideram que o genitor alienador pode influenciar a criança de maneira consciente, deliberativa ou numa alternância que reflete a falta de consciência dos efeitos dessas condutas para os filhos.

Os autores também enfatizam que os comportamentos alienadores diretos ocorrem quando um dos pais subestima ativamente o outro. Isso acontece por meio das afirmações pejorativas sobre o alienado ou das falas para a criança de que o alienado é responsável pela separação e/ou é o causador das dificuldades financeiras que o alienador e a criança passam no presente, diferentemente do que ocorria quando estavam casados. Nos comportamentos alienadores indiretos, a alienação ocorre quando um dos pais perde o contato com o outro genitor e o acesso a ele ou aceita os comportamentos e comentários negativos da criança em relação ao alienado.

Assim, o fenômeno descrito como Síndrome da Alienação Parental ocupa um espaço significativo nos tribunais em que são julgadas as ações sobre guarda de filhos, e os canais de intervenção requerem uma parceria harmoniosa entre os profissionais da saúde mental e os representantes da Justiça. Caso não sejam tomadas medidas para melhorar a comunicação e a articulação das duas áreas, as dificuldades advindas dessa intersecção de trabalho crescerão cada vez mais, e as "guerras judiciais" sobre guarda também aumentarão, tornando urgentes as intervenções direcionadas para o interesse dos filhos.

A experiência na área clínica/jurídica tem demonstrado que, se os casais em conflito que buscam o Judiciário contassem inicialmente com a mediação pública ou feita nos consultórios de psicólogos, assistentes sociais ou terapeutas de família, eles certamente economizariam tempo, energia emocional e dinheiro. Quando os genitores recorrem ao Judiciário, é baixa a perspectiva de mudança no relacionamento da díade conjugal, devido ao acirramento das discórdias.

Os casos que dão início aos processos no Judiciário tendem a se tornar trabalhosos e desgastantes para a família em geral, visto que os ex-cônjuges se tornam adversários em função da lógica do litígio gerada no contexto jurídico. Um número significativo de casais que buscam alternativas para o convívio no período pós-separação, depois de iniciados os procedimentos legais, está em consonância com os padrões e as dinâmicas dos comportamentos levantados por Gardner na Síndrome da Alienação Parental. Dessa maneira, os conceitos descritos pelo psiquiatra forense norte-americano têm ajudado no estabelecimento de parâmetros para aqueles que necessitam de uma decisão da Justiça para equilibrar as condutas e os poderes exercidos no âmbito doméstico.

4
Sociodrama temático com adolescentes sobre conflitos conjugais: um procedimento de pesquisa

Este capítulo destina-se especialmente aos interessados em desenvolver pesquisas utilizando o sociodrama temático. O leitor talvez considere o procedimento que apresento a seguir demasiadamente detalhado nas etapas de execução, porém a intenção é garantir o maior número de informações para que pesquisadores não psicodramatistas possam utilizar o sociodrama como procedimento de pesquisa qualitativa, clínica e social.

Jacob Levy Moreno (1889-1974), pai da sociometria, da psicoterapia de grupo e do sociodrama, ao definir o sociodrama enfatiza que "o sociodrama tem sido definido como método profundo de ação que trata de relações intergrupais e de ideologias coletivas" (1984, p. 188). Menegazzo *et al.* (1995) consideram o sociodrama "um procedimento dramático específico, baseado nos conceitos da teoria dos papéis e da antropologia vincular" (p. 197) e afirmam que o sociodrama "indica especificamente os papéis sociais que interagem no desenvolvimento das atividades comuns do grupo estudado" e também "permite visualizar seus conflitos e fazê-los emergir à compreensão para serem resolvidos" (p. 198). Seja qual for o parâmetro utilizado pelo pesquisador, o sociodrama se caracteriza como um instrumento que potencializa a expressão das questões familiares e amplifica os aspectos possíveis de serem trabalhados num contexto grupal.

Entre as múltiplas utilizações do sociodrama temático, este capítulo vai apresentá-lo como um procedimento de pesquisa qualitativa construído para obter informações no estudo sobre conflitos conjugais na perspectiva dos filhos, que é a temática deste livro.

O uso do sociodrama na pesquisa qualitativa nos remete à análise das diferentes perspectivas, vantagens e limitações do próprio processo de investigação científica. Em geral, as dissertações e teses realizadas no contexto acadêmico pelos psicodramatistas brasileiros têm trazido grandes contribuições para o estudo e a pesquisa, e os autores têm enfrentado inúmeros desafios na investigação, sob o enfoque moreniano, dos temas relacionados às ciências humanas e sociais. Para citar alguns autores recentes, podemos mencionar os trabalhos teóricos de Seixas (1992) e Knobel (2004) e os sociodramas realizados por Zampieri (1996; 2002); Ramos, Costa, Marra e Monteiro (1998); Scaffi (2002); Lima (2002); Fillipini (2003); Marra, (2004); Nery e Conceição (2006); Fontes (2004; 2008) entre outros.

Considerando a questão metodológica, devemos lembrar que os escritos deixados por Moreno deram pouca ênfase ao caráter científico de sua obra, mesmo porque ele viveu num momento histórico de forte influência positivista, posição epistemológica antagônica aos parâmetros fenomenológicos[4] de seu legado. Nos pressupostos básicos positivistas, a investigação científica visa à observação empírica baseada no comportamento observável e mensurável, além de ser passível de generalização e replicação e procurar separar o pesquisador de seu objeto de estudo na construção do conhecimento, diferentemente do que se propõem as investigações científicas atuais na área das ciências humanas.

Em 1931, Moreno (Marineau, 1992) iniciou um estudo qualitativo e quantitativo das relações interindividuais com um grupo de detentos da prisão de Sing Sing, nos Estados Unidos. Nesse trabalho, ele esboçou os primeiros passos de um posicionamento fenomenológico/social nas investigações com base na sociometria. Em *Quem sobreviverá?*, publicado em 1934, Moreno descreve a relação entre as ciências sociais e o conhecimento científico por meio de uma ação revolucionária/científica em que concebeu uma ciência a serviço do denominado "socialismo revolucionário científico" (Marineau, 1992).

Na ocasião, Moreno enfatizou que a sociometria passou a ser reconhecida por meio de estudos quantitativos sobre as estruturas dos grupos, os quais foram denominados sociométricos. Ele alertou para o fato de que, na época, os termos e as técnicas sociométricos eram aplicados, universalmente, como referência básica para estudos não sociométri-

---

4. Ver Monteiro, 2000; Marra e Costa, 2004.

cos, porém sem a devida denominação de sua autoria. Concebeu, então, o movimento sociodramático no percurso e na ampliação da definição de sociometria, bastante desenvolvida na sociedade norte-americana, transformando assim os parâmetros científicos quantitativos aplicáveis nos estudos dos fenômenos sociais. Dessa maneira, ele colocou o significado histórico da sociometria na posição intermediária entre a sociologia e o denominado socialismo científico.

Ao discutir o surgimento do método científico, Moreno (1992) enfatizou que os procedimentos, de cunho positivista, eram "ferramentas incompletas para explorar os aspectos mais sofisticados de relações interculturais" (p. 189), ao passo que o sociodrama permite explorar e tentar mudar, por meio da ação, os conflitos surgidos. Diante disso, considerou que o potencial da pesquisa dramática e a de papéis no sociodrama podem "fornecer indícios para métodos através dos quais a opinião e as atitudes do público podem ser influenciadas ou mesmo modificadas" (p. 189), porém não eram reconhecidas pela comunidade científica.

Na época, Moreno percebia que teria o legítimo reconhecimento de sua obra, seus parâmetros e referenciais, porém não viveu o suficiente para ter a constatação de tal abrangência. De qualquer modo, apesar de ter mencionado a sociometria em termos de parâmetros para estudos quantitativos, iluminou os caminhos na direção da pesquisa qualitativa por meio do sociodrama.

Dando continuidade ao seu universo de pensamento, poderíamos imaginar como seria, então, se atualmente Jacob Levy Moreno estivesse vivo e ativo, orientando pesquisas qualitativas de alunos de pós-graduação. De certa maneira, todos os psicodramatistas conduzem um pouco, se não muito, da utopia moreniana, criando métodos e procedimentos para estimular e promover transformações sociais.

Nos estudos já citados, o sociodrama foi utilizado primordialmente como estratégia de pesquisa-ação, em que a problemática é extraída e conduzida do contexto expresso pelos participantes, de modo que o próprio grupo determina o direcionamento da ação.

Diferentemente, o sociodrama temático, apresentado a seguir, é uma estratégia de pesquisa qualitativa que se mostrou particularmente útil no campo da investigação clínica-social[5], na medida em que foi

---

5. Ver Lévy, 2001; Araújo e Carreteiro, 2001.

criada para a obtenção direta dos resultados relativos ao objeto de investigação. Essa estratégia propiciou, ao longo do desenvolvimento do trabalho, uma efetiva intervenção/vivência pedagógica e terapêutica para todos os participantes do estudo, inclusive o pesquisador.

A escolha do procedimento

Na elaboração da pesquisa sobre conflitos conjugais na perspectiva dos filhos, considerei como passo inicial as questões éticas envolvidas no contato com os participantes. A primeira preocupação foi ponderar a delicadeza da situação de contato e execução, considerando os aspectos de vulnerabilidade da população. Surgiram inúmeros questionamentos e ao mesmo tempo as respectivas respostas serviram de norteadoras do trabalho.

Como abordar e investigar de maneira profunda e fidedigna as questões pessoais e íntimas dessa população ainda em processo de formação e desenvolvimento, sem, contudo, correr o risco de lhes causar dano físico, moral ou psicológico? Considerando que os filhos sofrem o impacto e são influenciados pelos efeitos dos conflitos interparentais, como seria investigar esse contexto do ponto de vista deles? Como pesquisar a maneira como eles compreendem e enfrentam as discórdias sem tocar diretamente em lembranças ou marcas, talvez dolorosas, das vivências familiares? Como motivá-los a expor suas ideias, suas opiniões e seus sentimentos sem comprometer sua integridade moral e psicológica? De que maneira os participantes poderiam ser beneficiados pelo procedimento da pesquisa, ou seja, de que modo o procedimento poderia ser educacional e terapêutico?

A preocupação efetiva em proteger o público-alvo na abordagem do tema, reconhecendo suas vulnerabilidades e incapacidade legal, foi a diretriz principal nas decisões do estudo. Considerei, primordialmente, o modo de abordar o problema para obter os resultados parcimoniosos e, ao mesmo tempo, contribuir construtivamente para a conscientização da questão familiar. O compromisso com o máximo de benefícios e o mínimo de danos e riscos estava envolvido em todos os passos realizados na escolha dos participantes e na construção do método e procedimento.

A primeira decisão foi determinar a faixa etária a ser abordada. De acordo com os estudos levantados no capítulo anterior, pude constatar que conflitos conjugais, separação e casamento apresentam efeitos diversos nas diferentes faixas etárias, de acordo com a fase de desenvolvimento cognitivo/emocional dos filhos. Os estudos também demonstraram que, melhor do que crianças pequenas, os adolescentes conseguem expressar os sentimentos e discriminar, com mais clareza, a situação entre os pais. Dessa maneira, o critério estabelecido para a escolha da faixa etária visa garantir que os participantes tenham um processo cognitivo desenvolvido que os capacite a expressar, claramente, os conteúdos internos.

Um segundo aspecto de relevância foi o modo de investigar os conteúdos dessa população. Como detectar valores, crenças e temas familiares, diminuindo o impacto da dor emocional contida nas expressões, a fim de garantir a preservação psicológica e a menor exposição das experiências pessoais? A alternativa encontrada para a questão foi elaborar o trabalho com sociodramas temáticos. De fato, o trabalho com sociodramas não apenas causa menos tensão na expressão e no contato pessoal do que a entrevista individual ou em grupo, como também possibilita a expressão dos conteúdos internos respeitando o nível de envolvimento e a adesão de cada participante.

A escolha do teatro espontâneo nos sociodramas temáticos com esses adolescentes consistiu num passo importante do procedimento. Esse recurso foi criado por Moreno e denominado inicialmente por ele de *teatro do improviso* (Marineau, 1992), depois de *teatro da espontaneidade* (Moreno, 1984) e, posteriormente, de *teatro espontâneo* (Davoli, 1995, 1999; Aguiar, 1998). A utilização do teatro espontâneo se justifica por ser um instrumento adequado para o trabalho com jovens de uma mesma escola, visto que durante os encontros eles poderiam expor intimidades da vida familiar e depois disso estariam juntos na jornada diária das salas de aula. A construção de um contexto protegido em que pudessem ocorrer expressões espontâneas do conteúdo pessoal do público-alvo deveria ser garantida. Dessa maneira, a alternativa do teatro espontâneo permitiu maior aproximação e contato dos filhos com conflitos conjugais, sem que fossem tocadas diretamente as feridas mais íntimas e dolorosas da vivência deles.

É importante salientar que, antes da realização dos sociodramas temáticos, o pesquisador deve determinar os limites e temas relacionados ao problema de investigação. Esses limites são tênues e precisam ser previamente delineados para que não ocorra uma exposição desnecessária dos participantes ou mesmo um direcionamento paralelo ao da temática a ser abordada, que venha a satisfazer a mera curiosidade ou despertar outro interesse no diretor do sociodrama. Assim, em resultado dessa abordagem, os jovens utilizaram a dramatização para a expressão espontânea de suas experiências/vivências/ideias/opiniões pessoais sem se sentirem demasiadamente comprometidos com a realidade vivenciada na própria família.

A investigação da problemática foi então iniciada no contexto grupal, com a inter-relação de seus elementos partindo da questão proposta sobre conflitos conjugais e passando para a subjetivação. O conteúdo do grupo foi considerado com base em como seus elementos se inter-relacionaram, o que é possibilitado pela representação dos papéis sociais no cenário sociodramático (Zampieri, 2002).

O trabalho de pesquisa

O estudo foi feito com 45 adolescentes entre 13 e 16 anos, que eram alunos de uma instituição particular de ensino na zona oeste da cidade de São Paulo e pertenciam às camadas médias (média-alta, média-média e média-baixa) da população, sendo 27 do sexo feminino e 18 do masculino. Os adolescentes foram divididos em quatro grupos (dois grupos de filhos de pais de primeiro casamento e dois de pais separados/divorciados/segundo casamento).

Os quatro sociodramas temáticos, referentes a "conflitos conjugais", foram gravados e contaram com a participação de dois profissionais técnicos em áudio e com o acompanhamento da orientadora da pesquisa. Após a realização dos trabalhos foi requisitado aos participantes o consentimento para a utilização das falas gravadas, garantindo o cuidado de não haver a identificação pessoal nem mesmo nas histórias familiares construídas e/ou relatadas. Caso os participantes não concordassem, teriam a opção de não preencher uma ficha contendo os dados pessoais, porém todos concordaram com o procedimento. Cabe mencionar que havia a concordância prévia dos pais dos jovens sobre a participação destes na pesquisa, e o consentimento posterior dos filhos se referia à liberdade de permitir ou não que suas ações e falas fossem utilizadas no estudo, a despeito da autorização e permissão anterior.

Os sociodramas foram realizados em cinco etapas: aquecimento inespecífico, aquecimento específico, dramatização, compartilhamento e inquérito. Os quatro grupos do estudo passaram por todas as etapas. O primeiro grupo serviu de modelo e parâmetro para os demais. Algumas modificações foram feitas com base nas sugestões dos participantes a fim de se compor um procedimento mais integrado.

O *aquecimento inespecífico* foi utilizado no preparo do grupo para o trabalho proposto. Inicialmente, a pesquisadora se apresentava e pedia aos participantes que colocassem na blusa um crachá a fim de facilitar a identificação daqueles que não se conheciam. Depois disso, discutia a proposta, esclarecia as dúvidas e estabelecia o período de trabalho. Houve também o consentimento verbal do grupo para a utilização da gravação.

No *aquecimento específico*, foi iniciado o preparo do grupo para o trabalho com o tema de pesquisa: conflitos conjugais. No primeiro grupo, o aquecimento foi corporal: em pé, todos caminharam respirando profundamente, sentindo o próprio corpo e experimentando sensações de calor, frio, chuva etc. Por fim, formaram um círculo em que passaram a construir verbalmente uma história coletiva sobre conflitos conjugais de uma família fictícia. Cada participante determinava um aspecto da trama, e aos poucos o enredo surgiu, contendo os personagens por eles definidos. Nesse grupo foi possível perceber que o aquecimento corporal deixou os participantes extremamente tensos. Isso tornou longa a construção do enredo e dos personagens e retardou o início da dramatização, impossibilitando a participação ativa na cena dramática daqueles que ficaram inicialmente na plateia.

A queixa apresentada por esse grupo foi considerada, pois apenas cinco participantes representaram seus papéis psicodramáticos da família fictícia, enquanto os outros assistiam. Para eles era importante dramatizar, e no final do trabalho sugeriram que todos deveriam representar um personagem na trama. Esse grupo foi significativo na construção do procedimento, visto que, a partir desse ponto, o instrumento pôde ser efetivamente adaptado aos participantes.

Nos demais grupos (2, 3 e 4), foi alterado o procedimento nessa etapa de aquecimento. Cada participante escrevia individualmente numa folha de papel temas relacionados com conflitos conjugais, ou seja, fazia uma listagem de assuntos que poderiam envolver conflitos entre os pais. Depois disso, cada grupo (2, 3 e 4) se dividia em dois subgrupos (A e B), contendo 5-6 participantes cada, e cada um dizia aos demais colegas do subgrupo os temas escritos sobre conflitos. Nesse momento, havia a troca de informações a respeito dos assuntos indicados e cada um dos subgrupos construía uma história contendo o maior número de elementos assinalados. Assim, cada história deveria representar os conflitos assinalados pelos participantes de cada um dos subgrupos. Em seguida, eles escolhiam e assumiam o papel de um personagem na história a ser dramatizada e todos representavam o papel psicodramático escolhido.

A *dramatização* foi constituída por três fases. Nessa etapa as histórias foram dramatizadas por meio de cenas. Na primeira fase do grupo 1, após a definição dos personagens da história e a escolha de quais participantes fariam a representação de cada personagem, cinco participantes passaram a se "fantasiar" com as roupas específicas que caracterizavam seu próprio personagem, enquanto os demais participantes ficavam na plateia. Essas fantasias eram compostas por vestes e adornos disponibilizados pela pesquisadora (caixas contendo roupas masculinas e femininas adultas, roupas masculinas e femininas para crianças e adolescentes e ainda roupas e objetos que aludiam a bebês e idosos, bem como a trabalhadores domésticos).

Nos demais grupos (2, 3 e 4), após a definição dos personagens, nos subgrupos "A" (2A, 3A, 4A), os participantes passavam para o momento de "escolher as roupas" e em seguida iniciavam a dramatização, tal qual o grupo 1, enquanto os subgrupos "B" (2B, 3B, 4B) ficavam como plateia. Após a dramatização dos subgrupos A, a situação se invertia, ou seja, nos subgrupos B os participantes escolhiam as vestimentas e se preparavam para a dramatização enquanto os subgrupos A ficavam como plateia. Dessa maneira, obtive uma história dramatizada do grupo 1 e duas histórias de cada um dos três grupos subsequentes, perfazendo o total de sete histórias construídas e dramatizadas sobre conflitos conjugais. Foram três cenas de filhos de pais de primeiro casamento e quatro cenas de filhos de pais separados/divorciados/de segundo casamento.

O momento de escolha das roupas serviu de aquecimento para a "tomada do papel" de cada personagem, ou seja, cada participante saía gradativamente de seu papel de pessoa privada (aluno/participante de pesquisa) e assumia o papel psicodramático (pai, mãe, filho, avó etc.) do personagem escolhido.

Esse momento é também considerado aquele em que os participantes assumem os seus papéis sociais na interação social de pais, mães, filhos etc., mesclados aos papéis internalizados de pais, mães, filhos etc. construídos na experiência vivida e/ou percebida no cotidiano.

Na segunda fase foi feita a montagem da cena. Em sua concepção originária, a cena provém do teatro e, com base nisso, Moreno transformou-a em unidade básica de ação cujos principais componentes são: a determinação do espaço, o tempo, os personagens e o argumento (Bustos, 2001). Assim, os participantes assinalavam o espaço (local onde cada cena ocorreria), o tempo (a hora suposta da ocorrência da cena), o posicionamento físico e a definição dos personagens no espaço do cenário dramático, bem como o roteiro a ser desenvolvido.

Após a definição de tempo, espaço, personagens e enredo no "aqui e agora" da cena dramática, os participantes faziam a autoapresentação dos personagens, ou seja, no papel psicodramático cada participante se apresentava como sendo pai, mãe, filho, avó, tios etc., dizendo nome, idade, profissão (ocupação), situação familiar etc. Além disso, eles descreviam os problemas familiares e a dinâmica dos relacionamentos entre os personagens envolvidos no enredo. A técnica da autoapresentação (Moreno, 1999) possibilitou que cada participante construísse e expressasse seu personagem com base nos próprios papéis sociais e psicodramáticos internalizados. Após a apresentação dos personagens, a cena transcorria livremente, sem interrupção, por cerca de 15-20 minutos. Nesse momento, os personagens contracenavam com os demais membros da cena, desenvolvendo, assim, o enredo espontâneo da história.

Na terceira fase, após os 15-20 minutos de livre atuação dos personagens, a pesquisadora, no papel de diretora da cena, interrompia a dramatização e pedia o "congelamento da cena", ou seja, os participantes paravam de interagir e ficavam imobilizados no cenário. Então primeiramente se pedia que cada personagem fizesse um "solilóquio" e depois se realizava a entrevista com cada um deles, ainda, em seus papéis psicodramáticos (pai, mãe, filhos, tio, avó, empregada, amante/namorada etc.).

Na técnica do solilóquio, os personagens verbalizavam os pensamentos e sentimentos que surgiram na atuação dos papéis psicodramáticos. Cada personagem expressava os pensamentos e sentimentos sobre si mesmo e/ou sobre o que estava acontecendo ao seu redor, ou seja, o contexto do qual fazia parte. Isso implicava o esclarecimento dos conteúdos ocultos dos personagens que não apareciam na dramatização e possibilitava uma maior compreensão do sistema familiar do ponto de vista de cada um (Barberá e Knappe, 1997). A expressão do conteúdo do "mundo interno" ofereceu uma abertura para que a diretora pudesse penetrar nos conflitos latentes dos próprios personagens e direcionar/ampliar sua percepção para compreender melhor a dinâmica familiar, questionando as interações familiares dos temas protagonizados.

Após o solilóquio, foi feita uma entrevista com cada personagem para esclarecer a dinâmica dos relacionamentos dramatizados, compreender como os participantes haviam construído seus respectivos papéis psicodramáticos e perceber os indicadores das principais temáticas na maneira de pensar e interpretar os diversos papéis familiares. Segundo Menegazzo *et al.* (1995), a entrevista ou reportagem é uma técnica fundamental dos procedimentos psicodramáticos. É normalmente praticada por meio do diálogo entre o diretor e o protagonista para diagnóstico, compreensão terapêutica e contextualização da ação dramática.

As perguntas da diretora de cena dirigidas a cada um dos personagens também possibilitaram o questionamento dos conteúdos que apareciam camuflados ou eram desconhecidos, abrindo caminho a uma maior compreensão de como os filhos/personagens percebem e enfrentam ou enfrentariam os conflitos conjugais surgidos nas dramatizações.

De acordo com Zampieri (2002), nesse tipo de dramatização, o mundo das realidades vividas e os significados específicos devem fazer o conhecimento objetivo e a verdade surgirem das várias perspectivas dos integrantes do grupo, no qual as diferenças coexistem e são legitimadas. Nesse momento acontece um saber transformador e intersubjetivista em que os significados aparecem na construção grupal. A presença da diretora/pesquisadora nas situações interativas facilita a participação ativa dos integrantes no desenvolvimento da pesquisa. Os participantes realizam suas construções num processo complexo de cocriação e num clima de segurança e confiança.

Nas dramatizações foram utilizadas quatro técnicas básicas: autoapresentação, congelamento, solilóquio e entrevista dos personagens. As demais técnicas psicodramáticas (inversão de papéis, duplo, espelho etc.) não foram utilizadas em função de as cenas terem sido conduzidas unicamente na direção do objetivo da investigação. Essas técnicas não foram consideradas, pois poderiam ultrapassar os limites da temática proposta e levar os participantes a níveis de expressão/exposição além daqueles demarcados inicialmente, desviando-os do foco estabelecido pelo estudo.

No *compartilhamento*, os personagens e a diretora saíram de seus papéis psicodramáticos, constituídos na etapa da dramatização, e voltaram a agir em seus papéis de pessoas privadas (alunos/participantes da pesquisa e pesquisadora). No momento de intimidade do grupo, os participantes construíram seus relatos afetivos. Eles expressaram as reflexões pessoais sobre cada participação na experiência dramática, se despiram dos personagens e falaram sobre o que houve de atual e/ou pessoal na experiência (Monteiro e Brito, 2000). Além disso, compartilharam sentimentos, ideias, pensamentos e emoções ocorridos durante as dramatizações e, nesse compartilhamento, também expressaram as identificações mais significativas, e o conhecimento foi coconstruído, elaborado e sistematizado (Zampieri, 2002).

Foi introduzida uma quinta etapa no sociodrama temático, denominada *inquérito*, da qual a pesquisadora e a orientadora da pesquisa participaram ativamente por meio da formulação de perguntas que pudessem dar maiores esclarecimentos e indícios sobre a questão investigada. Foi possível confirmar as identificações estabelecidas em outros grupos, verificar a presença ou não de aspectos assinalados na literatura e coconstruir ativamente os resultados sobre o modo como os adolescentes compreendem e enfrentam conflitos conjugais.

Análise dos resultados da pesquisa

A análise tem sido a fase mais complexa da sistematização e compreensão dos resultados da pesquisa qualitativa quando se utiliza o sociodrama. Essa complexidade se deve ao fato de que os grupos apresentam inúmeras possibilidades de significação diante das relações estabelecidas no contexto dramático. Nesse trabalho, foram gravadas todas as etapas de pesquisa e as gravações do áudio foram transcritas na íntegra para que se obtivesse o material completo de cada encontro.

Com esse material, realizaram-se diversas leituras e sínteses das narrativas a fim de se obter um relato condensado das informações mais significativas, na forma e sequência apresentadas pelos participantes. Esses relatos foram acompanhados das anotações realizadas após os encontros sobre a forma e o conteúdo das apresentações e as impressões da pesquisadora. Em cada grupo, foram considerados como material de análise: estrutura das cenas, dinâmica dos relacionamentos, respostas dadas às perguntas de esclarecimento, histórias construídas, sequência das histórias e relato final dos participantes nas fases de compartilhamento e inquérito. Nessa dimensão, a análise passa a ser sociodinâmica e seu objeto é a estrutura, a evolução e o funcionamento dos grupos (Marra e Costa, 2004), bem como o estudo das relações interpessoais (Baptista, 2003).

Após essa etapa, foram feitas comparações dos temas escritos no papel nas etapas de aquecimento específico com os conteúdos e a dinâmica dos relacionamentos das cenas na dramatização, com as identificações pessoais e os relatos verbalizados no compartilhamento e, por fim, com as respostas dos participantes no inquérito.

O relato de cada grupo foi codificado e analisado primeiramente na sequência original das cenas, utilizando indicadores de conflitos conjugais referentes a como os filhos compreendem e enfrentam as discórdias por eles construídas. Em seguida, com a reelaboração das sete cenas do sociodrama, foi possível retratar as concordâncias e discordâncias quanto à sequência, ao conteúdo expresso e à dinâmica dos relacionamentos.

Considerando-se a faixa etária dos participantes, foi realizada uma reanálise dos grupos identificando a maneira como a concepção de família foi construída nas cenas dramáticas e as similaridades com o contexto pessoal/familiar mais amplo dos participantes dos grupos de pais separados/divorciados/segundo casamento e de primeira união. Foram consideradas as semelhanças e diferenças das respostas, dos conteúdos e significados dados pelos participantes das sete cenas.

As histórias construídas nas etapas de dramatização foram comparadas com os relatos das etapas de compartilhamento e inquérito a fim de se obterem as falas significativas relacionadas à diferenciação apresentada pelos filhos nas cenas construídas. Foram realizadas diversas leituras e comparações entre as etapas de aquecimento específico, dramatização, compartilhamento e inquérito para verificar os conteúdos e significados referentes ao problema de pesquisa.

Depois disso, foram produzidas abstrações que refletissem a compreensão sobre os grupos num contexto mais amplo, considerando-se a concepção de família e de papéis familiares passada pelos participantes, assim como a maneira como eles compreendem e enfrentam conflitos conjugais.

Considerações finais

O sociodrama temático, como procedimento de pesquisa, possibilitou ir além da proposta inicial de pesquisa. O dinamismo e o envolvimento dos participantes na coconstrução do conhecimento propiciou uma profunda investigação das dinâmicas dos relacionamentos e dos conflitos, e, com isso, a consciência dos conteúdos passou a fazer parte do processo de transformação.

A fluidez com que os participantes se expressaram abriu caminho para que se detectasse, de maneira significativa, como atuam as concepções de família e de papéis familiares construídas no imaginário dos adolescentes. A espontaneidade e a riqueza das interpretações denunciam os padrões sociais e morais que alicerçam a vida familiar contemporânea.

Nesse processo de investigação, o sociodrama temático permitiu a construção de um procedimento dinâmico, educacional e terapêutico, possibilitando uma aproximação da intimidade psíquica, a expressão dos conteúdos pessoais e o conhecimento dos "segredos" familiares comuns ao contexto clínico. No contexto da pesquisa, as respostas ao problema de investigação foram espontâneas, e o risco de haver danos psicológicos e morais aos participantes foi o menor possível.

Por outro lado, as modificações pessoais/sociais promovidas por essas experiências e pelos resultados da pesquisa não podem ser objetivamente observáveis, mas podem ser sentidas e percebidas como fenômeno social em transformação, talvez mais próximo do denominado "socialismo revolucionário científico" de Moreno.

Esse trabalho de pesquisa demonstra alguns aspectos dos desafios dos psicodramatistas que passaram ou passarão pelo cenário acadêmico. As significações dos conteúdos expressos com espontaneidade pelos participantes do procedimento sociodramático amplificam a qualidade espontânea e criativa na coconstrução do conhecimento científico.

Moreno certamente ficaria orgulhoso de constatar a contribuição de suas ideias para o desenvolvimento de pesquisas qualitativas que possibilitam as transformações sociais por ele mencionadas e fortemente almejadas.

5
Perspectivas dos adolescentes sobre conflitos conjugais

Neste capítulo são apresentados os resultados da pesquisa propriamente dita. Após terem encerrado as dramatizações, os participantes expressaram seus pensamentos, suas ideias e seus sentimentos. Eles compartilharam sua vida pessoal, seus relacionamentos familiares e, pude conhecê-los mais intimamente num clima de acolhimento e sinceridade afetiva.

Nas fases de compartilhamento e inquérito, quando eles deixaram seus papéis psicodramáticos e passaram a responder como adolescentes/participantes da investigação, seus relatos emocionados demonstraram os dramas vividos nas famílias contemporâneas. Os relatos não eram mais da vida dos personagens criados, mas sim das vivências cotidianas desses jovens. Nas falas sobre sonhos, medos, anseios, expectativas e frustrações, pude perceber a necessidade dos jovens em ter um espaço de expressão e representação dos conteúdos que muitas vezes aparecem sem interlocução apropriada.

Temas sobre conflitos conjugais

Os temas sobre conflitos conjugais foram apontados pelos participantes na fase do aquecimento específico do procedimento, quando cada participante escrevia numa folha de papel quais os temas que, de acordo com suas concepções, estariam relacionados com conflitos conjugais. Baseados nessa listagem, os grupos passaram a construir as cenas dramáticas.

Os resultados foram contabilizados, e os 111 itens citados pelos jovens foram agrupados em 5 assuntos principais: *relacionamento entre os pais e pais/filhos* (26,1%), *questões econômicas e financeiras* (25,22%), *educação dos filhos* (22,5%), *interferência de terceiros* (9,9%), *infidelidade* (7,2%), *trabalho* (4,5%) e *outros* (4,5%).

No assunto *relacionamento entre os pais e pais/filhos*, podemos destacar os itens: autoritarismo (3,6%), falta de respeito (3,6%), responsabilidade e irresponsabilidade (3,6%), falta de amor/união (2,7%), falta de diálogo (2,7%), ciúme (2,7%), dificuldade nos relacionamentos (1,8%), falta de atenção dos pais (1,8%), disputa da companhia do filho (1,8%), guarda e bens (1,8%). Em *educação de filhos*: educação/monitoramento (6,3%), horários (5,4%), escola (3,6%), ajuda nas tarefas domésticas (2,7%), amigos (2,7%) e liberdade (1,8%). Em *interferência de terceiros*: primeira esposa, madrasta, ex-namorada (6,3%) e família extensa (3,6%). Em *outros temas*: drogas/bebidas (2,7%), coisas comuns (0,9%) e animais da casa (0,9%).

Esses temas, que foram o ponto de partida do estudo, se repetiram em maior ou menor escala nas categorias sobre como os participantes compreendem conflitos conjugais.

Como os adolescentes compreendem conflitos conjugais

Os resultados do estudo demonstram que em geral os conflitos são identificados pelos participantes como fenômenos gerados por características intrínsecas e particulares das pessoas. Num primeiro momento, eles reconheceram os conflitos na forma e intensidade com que os pais expressam os conteúdos emocionais numa interação, sem considerar os aspectos interacionais e dinâmicos na construção das discórdias.

A maneira específica de identificar conflitos ocorre em função do pensamento pragmático, associado às crenças profundas de certo e errado e baseado na noção de que o conflito está vinculado à concepção de violência, conforme descreve Souza (2003) num estudo sobre mediação social. Assim, essa concepção convive com a lógica de que os conflitos estão fora, e não dentro do indivíduo, ou mesmo na interação entre as pessoas. Isso dificulta a identificação de alternativas para a resolução de desavenças no cotidiano, aprisionando, assim, as partes oponentes numa constante disputa de poder.

Os filhos de pais de primeira união apresentam a dicotomia conflito/não conflito de maneira mais marcante. Já para os filhos de pais separados/divorciados/segundo casamento, as dinâmicas da conjugalidade e dos conflitos aparecem mais discriminadas em função do alto nível emocional dos confrontos entre os pais, identificados por esses filhos.

Para assinalar esse aspecto, os filhos de primeira união descreveram exemplos de como pais com temperamento explosivo podem causar o escalonamento das brigas e também de como a submissão de uma pessoa pode causar respostas explosivas.

"Uma pessoa que é mais explosiva assim... ela já grita mais... O temperamento da pessoa conta muito na hora da briga."

"Se a pessoa é explosiva... digamos... de pavio curto... não aguenta... É tanta discussão num ambiente pessoal, trabalho, profissional... Se for calma... você vai conseguir suportar."

"Às vezes a pessoa vinha guardando tanto que chega uma hora que não aguenta... que não dá mais... explode."

Os temas referentes ao modo como os filhos compreendem conflitos conjugais foram divididos em quatro categorias: 1) dinheiro; 2) educação dos filhos (práticas educativas); 3) estilo de parentalidade; e 4) interferência de terceiros. A ordem dos temas foi estabelecida de acordo com a relevância que tiveram durante os relatos (maior frequência, maior intensidade emocional e concordância entre os participantes).

1) Dinheiro

No ambiente familiar, o dinheiro é a principal fonte de conflitos e está incluído em todos os níveis de relacionamento do cotidiano, embora haja diferenças, entre os dois grupos (primeira união e separados/divorciados/segundo casamento), quanto à intensidade das desavenças.

Para os filhos de primeira união, as questões econômicas não aparecem diretamente como tema de conflito. A falta de dinheiro e/ou excesso de gastos são identificados inicialmente na dependência da mulher e dos filhos de um único provedor. Nessa dinâmica, as discórdias surgem em consequência dos conflitos gerados pelos gastos com a casa e a prole, de acordo com o estilo de vida dos cônjuges. As brigas entre os pais começam com coisas sem importância e depois são direcionadas para a situação financeira.

"Eu acho que começam com coisas bobas, mas aí, depois, eles já começam a envolver outras coisas na discussão... Começa a ficar maior a briga... como bola de neve... Começa um mudando de canal e depois termina com a situação financeira da casa... que todo mundo gasta muito."

"Dinheiro... às vezes está faltando, aí brigam um com o outro, aí começa uma discussão... Acho que é assim."

As questões referentes à dependência econômica aparecem como motivo de raiva e irritabilidade. O pai provedor, a mãe cuidadora e mãe/filhos dependentes estabelecem uma dinâmica familiar em que os que dependem não questionam e procuram manter a situação de privilégios por meio de diferentes tipos de alianças. Caso haja separação, as brigas aumentarão por causa de dinheiro. Quando o casal se separa, aparece o preconceito dos jovens contra a mulher descasada manifesto por meio de expressões rudes.

"Ela vai ficar correndo atrás do dinheiro dele."
"Vai ficar dependendo do irmão dela."
"Ela vai ter que conseguir dinheiro... vai criar vergonha na cara e correr atrás de trabalho."
"Ela vai procurar um modo mais fácil... ou achar outro marido."
"Vai achar um velho de 80 anos prestes a morrer."
"Não vai parar de brigar nunca. Ela vai querer mais e ele não vai dar."
"Ela não quer ficar pobre e ele não quer dar dinheiro pra ela."

O dinheiro também aparece relacionado com os "bons" cuidados dos filhos, porém é considerado insuficiente no convívio familiar. As mães voltadas para a preservação e estabilização da relação conjugal são algumas vezes identificadas como as que gastam muito e em outras como mais responsáveis. A questão econômica também provoca desunião familiar.

"Mãe gastona... não dá bola pro que está acontecendo, pra situação financeira... ela vai gastando sem pensar."

"Os filhos não se importam muito com a situação financeira e vão gastando... A mãe tem mais responsabilidade."

Os relatos e as histórias pessoais dos filhos de pais separados/divorciados/segundo casamento também têm o dinheiro como tema mais comum, surgindo agora nas brigas entre os ex-casais. As questões se tornam mais complexas e se amplificam, pois o sistema obriga os ex-cônjuges a maiores distribuições de bens e proventos. As brigas por dinheiro se referem à educação dos filhos e às despesas da casa, incluindo o sustento de outro membro da família (avó), filhos de outro casamento e outra esposa, bem como às despesas dos filhos do casal e/ou pessoais dos pais.

"O bate-boca é mais de dinheiro... essas coisas de dinheiro, porque na minha casa é assim: ele [pai] tem dinheiro, mas não pode gastar com você."
"Meu pai nem fala com a minha mãe direito porque a minha madrasta fica com ciúmes e aí, quando eu peço alguma coisa pro meu pai, ela é que fala: 'Tem muitos gastos com meus filhos, não dá pra ter mais um... já paga metade da sua escola, já paga pra você um monte de coisas'."

Enquanto a mãe de primeira união aparece essencialmente dependente do marido, a mãe separada/divorciada trabalha e tenta garantir o sustento da prole. Ela é uma figura protetora, atenta aos interesses e às necessidades dos filhos, e responsável. A temática principal, no núcleo de mães e filhos de famílias separadas sem segundo casamento, é a ausência paterna e o dinheiro como forma de falar sobre essa falta. Com essa ausência, a mãe descasada, comparada com aquela que é atrelada ao marido e à prole, assume a posição de alguém que merece o reconhecimento e a proteção dos filhos (Hetherington e Stanley-Hagan, 1999).

"Minha mãe é que, quando vai em shopping, fica comprando as coisas pra mim... Agora meu pai, não."
"Minha mãe fala: 'Você pede o tênis de 400 reais pra mim e o seu pai você pede só a bolsa? Por que você não pede tudo pra ele?' Porque eu sei que meu pai não vai me dar, então eu peço pra minha mãe, porque ela dá o que eu peço."

As dificuldades econômicas e os problemas no trabalho foram identificados como motivos de raiva e irritabilidade, principalmente no pai. Alguns participantes relataram uma dinâmica autoritária/agressiva (violência verbal) por parte do pai e de passividade/tolerância por parte da mãe diante do escalonamento da raiva paterna.

Os conflitos dos pais (identificados como inerentes ao sujeito) e na interação entre pais (pai e mãe) e filhos ocorrem também pela dificuldade de conciliação das mudanças na vida pessoal, familiar e financeira, sendo que grande parte do estresse emocional acaba "sobrando" para os filhos. Esses resultados coincidem com os observados no estudo de Schulz et al. (2005), que demonstram como as interações familiares com maior nível de hostilidade interparental também são acompanhadas de maior expressão de hostilidade do pai e da mãe com os filhos.

Por não terem experiência suficiente em relacionamentos que incluam referenciais de conjugalidade, os jovens identificam conflitos como fenômenos intrínsecos às pessoas. Eles não percebem as realidades diversificadas nem tampouco a dinâmica entre elas.

"O meu pai é que tem a palavra em casa. Se ele fala, tem que fazer o que ele quer. Se não faz, ele vira o capeta dentro de casa... Minha mãe não pode falar nada... Isso é horrível."

"Minha mãe chora... chora muito... A gente pergunta pra ela: 'O que aconteceu, mãe?' Ela não fala... porque ela ouve um monte de absurdo do meu pai e não pode fazer nada."

"Esse negócio de bate-boca não tem a ver... Seria uma coisa mais forte, assim... descontrole... acho... que sobra pra gente... o descontrole é com a gente e bate-boca, discussão, essas coisas... é entre eles."

Quanto à questão econômica, a expressão da raiva foi identificada entre os pais e entre pais e filhos, apresentando um escalonamento crescente do nível de violência verbal e física. Em relação à escalada do nível de violência, Grych e Fincham (1990) enfatizam que episódios de agressões verbais e emocionais têm efeitos tão negativos quanto os de confrontos físicos e foram relacionados à interiorização e exteriorização dos problemas emocionais dos filhos.

A violência também caracteriza a falta de amor e é expressa, inclusive, nos relatos dos filhos, que dizem sofrer muito com tudo. Esse padrão de relacionamento, denominado efeito *spillover*, foi detectado no estudo de Buehler e Gerard (2002) e indica inúmeras dificuldades no ajustamento dos filhos provocadas pela parentalidade ineficiente.

"Eu sempre ouvia brigas... meu pai xingar minha mãe pra mim e vice-versa. Já passei por várias coisas quando meus pais estavam juntos... aquela coisa de brigar... tapas, socos entre meus pais."

"Meus pais brigavam muito... Minha mãe chegava muito estressada... Ela brigava com o cachorro, chutava o meu cachorro... quase que meu cachorro voou uma vez contra a parede porque a minha mãe ficou muito nervosa com ele."

"A minha irmã sofreu muito, e eu também estou sofrendo agora, e as minhas duas irmãs pequenas... elas sofrem também... Isso sempre acontece é por falta de dinheiro, eu tenho falta de amor."

Em geral, a mãe é uma figura que sempre provê tudo ou se esforça para dar aos filhos o máximo possível, enquanto o pai é negligente nos cuidados e na atenção dispensados a eles. Na revisão da literatura sobre o tema, Benetti (2006) enfatiza que, na presença dos conflitos conjugais, a relação mãe-filhos tende a manter-se mais estável do que a relação pai-filhos. A autora reafirma que o impacto do conflito conjugal na disponibilidade afetiva e no envolvimento masculino é mais negativo, tendo sido observado menor interesse paterno pelos filhos.

"Ele [pai] não está nem aí com o que eu gasto ou o que eu faço... Pra ele é como se eu não existisse... Ele sabe que estou bem, mas não está preocupado. No meu caso, quem se vira é a minha mãe... é mais preocupada do que meu pai... Meu pai não está nem aí."

O padrasto, como substituto do pai no convívio diário, ajuda na criação e no pagamento de algumas despesas da prole. Nessas situações ele é considerado pai.

"Meu padrasto que paga a Cultura [curso de inglês]... Meu padrasto que paga os treinos... Meu padrasto que cuida assim... mais de mim... e meu pai não paga nada... acho um saco."

"Eu nem cheguei a conhecer o meu pai... Acho que notícias assim do meu pai eu tenho através da família... Não senti falta de pai porque o meu padrasto... ele me cria desde os três anos, e ele sempre me deu tudo... Tudo que eu peço ele me dá."

De acordo com o exposto, constatamos que, nas famílias de primeira união, a intensidade dos conflitos está vinculada à suficiência/insuficiência do dinheiro no cotidiano. A questão econômica permeia as relações de eficiência entre aquele que ganha e os outros que gastam. Considerando que, no mundo ocidental, em geral o divórcio traz o empobrecimento das mulheres e a divisão do patrimônio do casal, os participantes mostram como os conflitos se expandem e o dinheiro se transforma no foco das famílias no período pós-separação. Esses resultados alertam sobre a necessidade de que se inclua a mediação na área jurídica, enfocando as finanças do ex-casal como tema de trabalho com a problemática familiar. Na separação/divórcio, o dinheiro concretiza os conflitos e emerge mais prontamente como desestabilizador das relações familiares na busca de bens e proventos, enquanto o consumo passa a ser o intermediário na escalada da qualidade de vida e no alcance de metas e objetivos pessoais.

2) Educação dos filhos (práticas educativas)

A educação/monitoramento dos filhos aparece como o segundo grande tema de conflitos conjugais. No estudo desenvolvido por Cummings (1998), o autor identifica como razão dos conflitos as questões referentes ao controle e à supervisão dos filhos, visto que os pais divergem nas opiniões e condutas causando um grande estresse na prole. Em consequência disso, os filhos se sentem culpados pelas desavenças.

"Acho que tem alguns conflitos entre pais que acontecem por causa dos filhos também, por causa da educação, essas coisas assim."

Para os filhos de primeira união, os domínios masculinos e femininos são absolutamente excludentes. A mãe aparece mais próxima e atenta com a educação e o monitoramento deles. Ela os acompanha nas atividades do dia a dia e os conhece melhor, por isso briga mais com eles.

"O filho, por conviver mais tempo com a mãe, acaba pensando que a mãe é pior que o pai. O pai não vai entender... e a mãe, como convive e sabe... conhece um pouquinho mais o filho do que o pai... acaba sendo a chata, a pessoa que gera conflitos."

Por estar mais próxima, a mãe protege e chega a infantilizar os filhos. Na dinâmica de pai provedor, mãe cuidadora e mãe/filhos dependentes, mãe e filhos se tornam cúmplices, e a prole acaba sendo a extensão dos interesses e das necessidades dela. Na maioria dos casos, quando surgem problemas com os filhos, a mãe é responsabilizada pelo pai.

"Os pais trabalham fora... A mãe é mais ou menos dona de casa... daí o filho vai mal ou está rebelde... O pai coloca meio a culpa na mãe: 'Ah, você não está educando ele direito, sabe...'"

"Filho drogado... O pai fala que ela não educa direito... Aí começa a quebrar, a sumir coisa também... Ele [pai] não quer a culpa... tem que jogar na mãe... é isso... aí começa... gera mais conflito."

Para os filhos de pais separados/divorciados/segundo casamento, na coparentalidade, ainda é cobrada da mãe a responsabilidade pela criação dos filhos como se não houvesse ocorrido o rompimento conjugal. Entre a díade, a divisão de trabalho permanece a mesma, porém isso não ocorre com os proventos. Mesmo assim, a mãe continua sendo a responsável pela educação da prole. Desse modo, ela é que faz o acompanhamento das atividades dos filhos, é totalmente responsável pelo monitoramento deles no dia a dia e, com isso, mais envolvida nos conflitos com a prole.

"Minha mãe tá lá no pé: 'Ficou de castigo... ficou de recuperação... não vai no treino'. Agora acabei de brigar com ela porque eu falei que eu queria vir aqui."

Os conflitos são verbais quando o pai responsabiliza a mãe pelos problemas dos filhos na escola e critica o tipo de conduta que ela está utilizando no monitoramento e na educação da prole.

"Geralmente quando o filho ou a filha fica com a mãe, o pai sempre chega: 'Você não cria sua filha direito, você dá liberdade, deixa voltar às 3 horas da manhã, dá isso, dá aquilo...' e o pai sempre acha que a mãe está errada."

Quando ocorre o distanciamento paterno, os filhos denunciam que o pai não orienta, não ajuda e não faz o acompanhamento escolar deles. O próprio genitor não ajuda no transporte dos filhos para as atividades da escola e/ou lazer. Os filhos veem isso como negligência em participar do cotidiano. Nesse sentido, eles percebem que o genitor apenas pergunta ou mesmo cobra resultados daquilo que ele próprio deveria fazer. O genitor também critica o tipo de monitoramento feito pelos outros pais na educação dos filhos. Isso implica o baixo envolvimento do genitor, como consequência dos conflitos conjugais, pois um pai menos atento tende a passar pouco tempo com os filhos. À medida que os conflitos interparentais aumentam, ele torna-se mais absorvido pelos problemas da interação e ainda menos disponível para os filhos (Buehler e Gerard, 2002).

"Meu pai só cobra... ele adora cobrar... agora ajudar, não... É tudo assim: 'Porque você tem que estudar'... mas ele não ajuda a estudar."
"Essa história também de ir para os lugares... Ele fala: 'Você volta muito tarde dos lugares'. Eu falo: 'É que eu volto com meus amigos, eu não escolho a hora que eu volto'... Então ele cobra que os pais dos meus amigos vão pegar tarde, mas ele não vai pegar mais cedo... Ele nem pensa em pegar."

Nos finais de semana em que os adolescentes encontram o pai, devido ao pouco convívio e à pouca intimidade, este reclama que os filhos querem ficar com os amigos, dão pouca atenção à família e falam constantemente no celular com os colegas. Dessa maneira, os filhos também acabam dando pouca atenção ao pai nos momentos em que estão juntos.

"Como eu não moro com meu pai... a minha mãe se acostumou, né, de eu estar com ela... meu pai não se acostumou com isso... então eu vou na casa do meu pai e ele reclama que meu celular toca, ele reclama que eu ligo para os meus amigos, ele reclama que só falo dos meus amigos... Eu acho que isso é falta, 'tipo', de conviver... Ele só liga nas horas que é pra eu sair com ele, fazer os programas com ele... e ele se incomoda quando eu quero fazer programas com as outras pessoas."

Nas configurações familiares em que existe o padrasto, este aparece como figura compensatória da distância/ausência paterna, compreensiva e colaboradora no estilo de monitoramento da mãe. Ele participa na divisão dos cuidados instrumentais, como buscar os enteados em festas de madrugada e participar das comemorações na escola. O pai que tem outros filhos não consegue acompanhar os compromissos e, então, o padrasto o substitui. Em função disso, eles acabam enxergando o pai como figura distante e o padrasto como próxima. Dessa maneira, todos ficam mais confortáveis, pois o "novo" arranjo retoma o equilíbrio da díade conjugal por meio da complementaridade dos papéis parentais no suporte dos filhos.

"Eu vivo mais com meu padrasto do que com meu pai, então eu considero mais o meu padrasto do que meu pai... ele esteve presente, ele vem quando eu preciso... Eu acho que meu pai é meu padrasto... Pai é aquele que cria e quem me criou foi meu padrasto."

"Em relação ao meu padrasto, ele me ajuda a estudar, ele que me leva nos lugares...

Esse sábado, eu tinha marcado de ir num lugar que meu pai ia me levar... Aí tá tudo combinado... Aí sexta ele liga: 'Então... eu não vou poder te levar porque é a festinha de primavera do teu irmão, e eu vou ter que assistir, e não vai dar pra eu te levar nem te buscar'... Aí meu padrasto teve que desmarcar o que ele ia fazer, que ele tinha marcado com os amigos... aí ele levou."

Alguns conflitos são influenciados pela madrasta, que não aparece como figura positiva, pois ela não permite/autoriza que o pai participe dos eventos com os filhos de outro casamento. Ela sente ciúme da mãe biológica e tenta impedir o contato do ex-casal nas atividades conjuntas com a prole. Nesses casos, os conflitos entre os pais não são abertamente identificados.

"Nas minhas festinhas de primário, [o pai] ele nunca foi em nenhuma... só a da quarta série. A minha madrasta foi uma única vez porque ficou com ciúmes da minha mãe com ele."

"Ela [madrasta] não deixa meu pai ficar sozinho num lugar com a minha mãe... Ele ir no colégio me buscar... ela não deixa... ela vai junto... porque sozinho ele não vai mesmo... Meu pai não vê a minha mãe fazem [sic] anos."

Entre os pais, em geral as brigam começam por coisas comuns do cotidiano e depois eles se descontrolam. As discórdias ficam intensas ao lidarem com problemas de alcoolismo/drogadição/traição. Essas situações acabam sendo modelos de como não resolver e como intensificar as discórdias.

"A minha mãe não gosta do caseiro... reclama que ele não limpa a casa... Aí o meu pai começa a discutir e manda ela trocar... Esses dias mesmo eles discutiram... Eu fiquei até assustado porque eles gritaram... Meu pai falou que minha mãe é da favela... falou várias assim... Eu não acreditei... A minha mãe começou a falar da sogra e ele também... Aí foi um auê total... eu e a minha irmã lá: 'O que está acontecendo?'"

"Traição... eu já ouvi falar em famílias que o pai quebra tudo em saber que a mãe está traindo ou a mãe quebra tudo em saber que o pai está traindo."

"Tem também problema de bebidas alcoólicas... que o pai bebe... Tem casos de famílias assim... que leva isso ao descontrole... Filho drogado... a mãe descobre que o filho mexe com maconha... Daí começa."

Nas práticas educativas, o pensamento pragmático e maniqueísta do adolescente o faz identificar a conduta dos pais em modelos de representação do masculino e do feminino bastante diferenciados, em que os espaços são determinados pelos domínios de gênero, sendo excluída a complexidade dos significados nas diversidades das realidades vividas. Na maneira pela qual eles concebem a parentalidade, a figura paterna aparece bastante negativa, manifestando condutas insuficientes, incompetentes e pouco consistentes pela falta de diálogo entre eles.

3) Estilo de parentalidade

Considerando a atuação dos diferentes estilos de parentalidade no cotidiano, a importância dessa categoria revela-se, como já mencionado anteriormente, nos resultados dos estudos que demonstram a qualidade da parentalidade como mediadora dos conflitos conjugais (Grych, Raynor e Fosco, 2004; Doyle e Markiewics, 2005), sendo mais importante do que a própria estrutura familiar (casamento ou divórcio) no que se refere ao desenvolvimento de problemas psicológicos e comportamentais em crianças e adolescentes (Hetherington, 1999; Hetherington e Kelly, 2002).

Quanto aos filhos de primeira união, o aspecto mais mencionado por eles foi a falta de atenção dos pais (pais e mães). O distanciamento entre os pais e entre pais e filhos aparece em função do excesso de trabalho fora de casa. Muitas vezes, o trabalho e a necessidade de obter proventos substituem a proximidade no convívio pelo dinheiro.

"Alguns pais, como não têm tempo, não dão a atenção que eles [filhos] querem."

"Só vê os filhos de noite e nem vê direito... depois dorme e não vê o filho."

"É o fato dele [pai] querer dar tudo o que o filho merece... atenção, compreensão... e não ter tempo."

No caso de os pais se separarem, considera-se que há o desaparecimento da figura paterna. A separação é um agravante para o distanciamento entre pais e filhos.

"[Sobre a separação] Acho que eles [pais] vão acabar brigando e vão acabar esquecendo dos filhos."
"Já estão acostumados a ficar longe... Eles meio que se acostumam."
"[Pais que ficam afastados dos filhos e quando estão juntos]... não sabem o que fazer."

De acordo com os participantes, a presença do pai no estabelecimento dos limites é chamada de *autoritarismo*. A dificuldade de comunicação entre o pai e os filhos foi também identificada como fator capaz de gerar conflitos.

"Quando o filho quer sair... fazer os programas dele, e o pai não deixa... aí começa aquela discussão: 'Você não deixa fazer nada'."
"O pai fala pro filho: 'Você não tem idade... tudo tem a sua hora'."

A competição entre irmãos também é desencadeante de conflitos. Os pais se tornam vítimas das discórdias entre os filhos e não conseguem lidar com isso.

"É... dá muita discussão, independente de ser menino com menino, menina com menina, menina com menino... Também dá do mesmo jeito discussão... É um tal de um querer pegar coisa do outro."
"A competição começa a ficar mais forte... Você quer provar que está certo."

A horizontalidade da relação hierárquica entre pais e filhos passa a ser um aspecto da parentalidade. Esse padrão torna-se fator de risco, na medida em que a exposição de crianças e adolescentes às discórdias conjugais aumenta a probabilidade de desenvolverem problemas emocionais e cognitivos, pois estarão mais vulneráveis às dificuldades advindas da dinâmica familiar (Grych, Raynor e Fosco, 2004). Isso fica mais evidente nos filhos de pais separados/divorciados em que a triangulação apresenta características marcantes.

"Tem vezes que eles vão discutir e eles chamam a gente mesmo... pra dar a nossa opinião... situação financeira: 'Ah, vocês acham que ele não devia fazer isso para melhorar?'... tipo, pra ajudar..."

Entre os filhos de pais separados/divorciados/segundo casamento, o pai dispensa pouca ou nenhuma atenção aos filhos, que consideram a mãe a principal responsável pelos cuidados e pelo acompanhamento deles tanto nas necessidades básicas – como pagamento dos estudos e alimentação – quanto no monitoramento dos horários nas atividades escolares e sociais. Ela acaba assumindo uma posição autoritária e controladora, delegada ao pai provedor da família nuclear, enquanto o genitor fica com a parte mais prazerosa da convivência, visto que só costuma encontrar os filhos nos fins de semana.

Alguns compreendem isso como algo positivo, pois garante uma certa estabilidade e segurança no cotidiano. Por outro lado, reclamam do monitoramento da mãe, afirmando que ela é mais autoritária e controladora do que o pai, que apenas pergunta sobre os horários e amigos ou reclama, mas não interfere.

"Quem é a autoritária é a minha mãe, então ela vai, é testa de ferro e ela impõe... tudo o que ela acha que a gente tem que fazer, e a gente não pode contestar."

"Meu pai... eu falo assim: 'Pai, me leva não sei onde'... ele leva. Minha mãe, não: 'O que é isso? Quem vai? Qual dos amigos vai? Por quê? O que vai ter? Quem que eu conheço?'"

O interesse no ex-cônjuge e/ou a expectativa de um possível retorno aparece como aspecto de interferência na parentalidade.

"Minha mãe separou do meu pai duas, três vezes... Aí eles terminaram de vez, só que o meu pai fica ligando, insistindo... Em vez dele ligar pra saber de mim, ele fica ligando pra saber dela."

É importante ressaltar que os filhos não têm noção de que fazem parte de um sistema de triangulação com os pais nem percebem os efeitos disso. Eles discriminam apenas seus padrões e descrevem a triangulação como um aspecto comum na dinâmica da parentalidade. Em alguns casos, são usados como "pombos-correio" numa situação de um genitor contra o outro e, assim, sentem que tudo "sobra para eles", o que gera muita raiva. Os filhos são envolvidos pelas questões interparentais ou se sentem tentados a entrar no meio delas, e isso representa a violação das fronteiras entre o sistema conjugal e o de pais-filhos. Grych, Raynor e Fosco (2004) consideram a triangulação uma tentativa de evitar a expressão aberta dos conflitos conjugais, com a atenção colocada nos filhos ou no esforço de um dos pais em conquistar o apoio deles.

"Lá em casa, eu tenho mais contato com o meu pai e meu irmão... A preferência dele sou eu... Eu sou o pombo-correio. Então, assim, minha mãe pede dinheiro pro meu pai. Eu vou lá e ouço... Sempre sobra pra mim as coisas... Eu que ouço sempre."

"Eu também sou pombo-correio: 'Ah, minha filha, eu tô precisando de dinheiro... Pede lá dinheiro pro seu pai'... Aí eu tenho que ouvir da minha mãe, que fala do meu pai."

Em algumas situações, quando o pai se mostra negligente e agressivo com a família, os filhos fazem aliança com a mãe contra o genitor, demonstrando outro padrão de triangulação.

"Então meu pai não fala mal da minha mãe porque ele sabe que se ele falar mal dela eu vou retrucar na hora, porque foi ela que me criou."

"Em casa somos muito unidas... eu, minha mãe e as minhas três irmãs... O meu pai... eu nunca incluo ele em nada da minha vida."

Os conflitos surgem também quando se evidencia a diferença no tratamento entre os filhos do casal ou de outra conjugalidade (meios-irmãos).

"Porque tem muito pai que faz diferença entre os filhos... gosta mais do filho mais velho porque é mais jeitoso."

"Ou senão tem filho de outro casamento... aí não dá a atenção necessária."

Diante do exposto, constatamos que a relação entre a figura paterna e os filhos é bastante frágil. De certa maneira, o vínculo que mantém o casal não se dissolve no divórcio, e os pais continuam juntos por meio dos conflitos.

4) Interferência de terceiros

Os filhos de primeira união identificam grande interferência da família extensa e de amigos nos conflitos conjugais, intensificando-os, porém não mencionam nenhum exemplo desse item. Numa escala de 0 a 10, eles classificam o grau de interferência em 7 e 8. Nessas situações, eles apresentam dificuldades em identificar padrões de triangulação e as consequências disso no escalonamento dos conflitos.

Os filhos de pais separados/divorciados/segundo casamento identificam claramente a interferência de terceiros. Os relatos demonstram a interferência de empregadas, parentes, ex-esposas, porém a avó materna aparece como a figura mais significativa nos conflitos. Ela assume uma posição ambígua na dinâmica familiar, pois, de um lado, tenta apaziguar os ânimos e, de outro, fomenta as discórdias, o que já fora mencionado pelos entrevistados de Souza (2000) em pesquisa realizada também com depoentes dessa faixa etária, filhos de pais separados.

"Só que a minha empregada se metia muito também nos assuntos pessoais. Sabe, não pode... empregada não pode se intrometer."
"Vó interfere demais... Vó com genro... vó fala mal do genro... vó sempre ajuda os netos, mete o pau no genro, fala um monte. Até a empregada às vezes se envolve."
"Aí a minha vó vê, e aí ela fica falando um monte da minha mãe, e aí eu comento alguma coisa com ela... Aí ela fala o que eu falei pra minha mãe e minha mãe briga comigo."

Além da mãe, os filhos também sentem ciúme da ex-mulher do pai.

"A gente não gosta muito da ex-mulher do meu pai... porque meu pai guarda algumas fotos... mas só tem uma foto dela... Tanto que eu olho e eu não gosto... É meio que um ciúme."

A interferência de terceiros acaba aumentando a indissolubilidade das situações conflituosas que se reproduzem progressivamente, e todos se mantêm reféns daquilo que nunca se resolve.

Como os adolescentes enfrentam conflitos conjugais

Tanto no casamento quanto na separação/divórcio/segundo casamento não foram encontradas diferenças quanto à maneira como os participantes enfrentam conflitos conjugais. Os resultados indicam as mesmas reações dos adolescentes descritas por Cummings e Davies (2002) no denominado *process oriented*, em que o ajustamento dos filhos é conceituado em termos de seus processos de adaptação e desenvolvimento. Para os autores, são evidenciadas reações ligadas aos processos dinâmicos de interação entre fatores intra e extraorgânicos. A atuação desses processos pode ser observada quando os filhos tentam alterar, por meio da solução do problema, o fator de estresse causado pelos conflitos. Neste estudo as respostas dadas pelos participantes foram divididas nas seguintes categorias:

1) Chorar/conversar com os amigos e cachorro/pensar e fazer outras coisas

As reações dos filhos demonstram impotência diante das discórdias. Aparece a utilização do processo cognitivo na opção de pensar e tentar mudar ou fazer uma reavaliação positiva do conflito, assim como na de procurar suporte emocional e tentar se distanciar da situação conflituosa (Cummings e Davies, 2002). Dada a dificuldade de compreender as discórdias, do ponto de vista da dinâmica conjugal, alguns filhos temem ficar sem o amor dos pais e sentem-se responsáveis pela natureza do conflito.

"*Eu já chorei muito... Todo dia eu chorava.*"
"*Eu choro... Eu fico muito chateada, eu tento procurar consolo com as amigas, só que tem algumas que falam: 'Ah, não liga', só que é difícil não ligar.*"
"*Tentar pensar em outra coisa, ligar pra uma amiga, tentar adiar o assunto... No fundo, no fundo, eles podem brigar, mas eles querem o bem da gente, né? Não que a gente fique chateado com o que eles estão fazendo... eles querem o melhor... mas eles acabam fazendo do modo errado.*"
"*Transformar em alegria fazendo algum esporte... É desenhando, conversando com uma amiga, lendo um livro e respirando fundo... e bola pra frente... tentar esquecer ou desabafar com uma amiga, assim você tira o peso da sua consciência.*"
"*Eu consolo mais o meu cachorro do que meu pai e minha mãe... Eu falo mais com o meu cachorro do que com eles dois.*"

Na especificidade dessa categoria são observadas reações imediatas, sem elaboração dos conteúdos internos.

2) Tentar mediar os conflitos dos pais

Essa categoria também confirma os resultados do estudo de Cummings e Davies (2002), no qual os autores assinalam a mediação como uma alternativa de intervenção. Os filhos tentam dar auxílio e conforto a um ou ambos os pais na tentativa de obter o controle do estresse causado a eles e, consequentemente, tentar solucionar a questão.

"Às vezes eu não me meto na hora da discussão, assim, da briga, mas aí eu tento consertar as coisas, fico conversando com um, conversando com outro."

"Eu falo: 'Ô, mãe, você pegou pesado! Por que você falou isso?' Eu falo isso..."

"Às vezes a gente só conversa com a mãe, depois só com o pai... sei lá... pra ajudar eles a se entenderem."

"Muitos filhos esperam depois do descontrole. Eu acho que se meter na hora pode até atrapalhar. Depois quando já foi, você fala particularmente com cada um. Aí vem aquela conversa, já ajuda."

"Eu fico na minha... Tento acalmar dos dois lados... tento não deixar minha mãe nervosa e deixar meu pai sozinho... ficar na dele."

Os adolescentes percebem que mediar não resolve. No momento em que tentam mediar, a lógica do sistema hierárquico é revertida e os filhos acabam saindo da posição de quem é cuidado para cuidar dos próprios pais. Essa dinâmica é capaz de gerar indivíduos impotentes em função da constatação de que nada adianta fazer para solucionar o problema. Além disso, carregar as discórdias interparentais induz os filhos a construir concepções familiares negativas que vão levá-los a desenvolver atitudes de desconfiança na conjugalidade estabelecida no futuro (Burns e Dunlop, 2002).

3) Distanciar para evitar o sofrimento/aceitar/acalmar/ tentar esquecer

Nessa categoria, desvia-se a atenção do assunto a fim de mudar o próprio estado emocional por meio da fuga e do distanciamento da situação conflituosa (Cummings e Davies, 2002).

"Antigamente eu me importava muito, aí falava. Agora eu nem ligo mais porque eu sei que não vai dar em nada mesmo."

"Meus pais discutem no quarto. Eles fecham a porta, eles acabam mesmo tirando a gente, então deixa eles resolverem."

"Tem filhos que não aguentam e vão embora de casa... Não querem se meter nas brigas dos pais."

"*Eu acho que eu devia ter fugido de casa.*"
"*A gente não deve se intrometer... assim, você acaba também sofrendo muito mais. E, se houver algum conflito, sair, se fechar no quarto, sei lá... Se fechar no quarto, tentar se meter o menos possível... Como eu sofri assim, bastante, já sei como é passar por isso.*"
"*Eu não sei como é passar por isso... São os conflitos de família, mas o conselho que eu daria pra uma amiga... eu falaria pra ela fingir... fingir que não está acontecendo nada.*"
"*Querer se intrometer não tem nada a ver... Tem que aceitar do jeito que está... É conversa de adulto, eles têm que se entender e depois virem conversar com você... Não adianta sofrer antecipado, não adianta se intrometer, não adianta querer dar opinião, porque eles não vão ouvir, não vai adiantar nada. O jeito é esperar e ver o que acontece.*"
"*Tentar esquecer, que vai dar certo no final, que eles sabem realmente pelo que eles estão passando... os dois... Eles sabem o que eles têm que fazer... Eles vão ter que decidir... No fim vai dar tudo certo.*"
"*Manter a calma... Não adianta você estressar com eles... Eu prefiro sempre me acalmar, ter paciência, não me meter.*"
"*Não se meter... porque eu acho que é capaz de você ou ficar de mal com o seu pai ou com a sua mãe e não falar mais com ele ou não falar mais com sua mãe, então não se mete... acho que a briga é deles mesmo, eles vão resolver.*"

Na perspectiva dos filhos, a prole sente-se solitária e em desalento na tentativa de resolução das discórdias. O "tentar esquecer" foi detectado por eles como algo difícil de conseguir. Por outro lado, o "evitar o sofrimento", "aceitar" ou "acalmar" podem ser avaliados como respostas sintomáticas na direção de um processo depressivo. Dadds *et al.* (1992) consideram que conflitos frequentes entre os pais geram respostas emocionais intensas por parte dos filhos, que podem manifestar-se por meio de condutas agressivas ou depressivas. Da mesma maneira, Katz e Gottman (1993) enfatizam o aspecto depressivo dos filhos em reação aos conflitos conjugais.

Nesses relatos ficam evidenciadas as respostas emocionais e cognitivas dos filhos adolescentes em reação aos conflitos interparentais. As atitudes e condutas relatadas os levam a compartilhar sentimentos ou dividir as angústias com os amigos, e/ou à procura de melhores alternativas fora de casa, e/ou ao desenvolvimento de patologias.

Considerações finais

> *"Neste período de constante ameaça nuclear, quando nossa capacidade de destruir a nós e ao planeta todo corre paralela com a história do mundo, a necessidade de compreender como as pessoas podem viver juntas, cooperativamente, cria uma nova dimensão."*
>
> Susan M. Heitler, 1990

Com este livro apresento minha contribuição para o desenvolvimento de uma nova dimensão de cooperação familiar. Não me refiro a uma família corporativa, mas a um contexto familiar dotado de carinho e ternura, os quais estruturam o caminho da resolução dos conflitos no cotidiano. Essa dimensão está relacionada a como ajudar os filhos e seus pais a construir relações familiares mais harmoniosas e afetivas. Durante todo o trabalho de pesquisa e elaboração deste livro, identifiquei alguns fatores relevantes para a compreensão do problema. Além de ampliar a experiência de intervenção com uma faixa etária específica da população, pude também aprender muito a respeito das possibilidades e limitações de estudo, intervenção e pesquisa no âmbito da cultura brasileira.

Na definição e compreensão do tema conflitos familiares, os estudos realizados no exterior, que são em geral ricamente explorados, me deram indicações de como abordar a problemática com uma população fora do âmbito clínico. Por meio da experiência nos processos judiciais nas varas da Família e das Sucessões, do Tribunal de Justiça, nas diversas comarcas de São Paulo e de outros estados do país, pude reconhecer que os conteúdos psicológicos, os quais sempre estiveram restritos ao contexto dos consultórios particulares, eram expostos para equipes de trabalho no auxílio à Justiça. Tenho notado que as pessoas que utilizam o Judiciário para a resolução das questões familiares apresentam as feridas afetivas mescladas com a necessidade de resgate da dignidade, que elas sentem ter sido perdida ou roubada.

O procedimento utilizado nas dramatizações em grupo me possibilitou não apenas ter uma grande aproximação dos conteúdos pessoais necessários para responder ao problema, mas também construir com os jovens um espaço pedagógico/terapêutico que se demonstrou adequado e mais brando do que as entrevistas nas pesquisas. Nesse espaço foi possível compartilhar e identificar os aspectos dolorosos dos filhos na convivência familiar, numa etapa da vida que lhes é possível potencializar os recursos de escolha e iniciação de uma vida conjugal mais aberta, mais descomprometida com os preconceitos embutidos nas crenças e nos valores culturais da família de origem.

A fluidez com que os participantes se expressaram nos sociodramas temáticos me permitiu detectar a maneira estereotipada, porém bastante significativa, pela qual atuam as concepções de família e de papéis familiares inseridas no imaginário dos adolescentes paulistanos pertencentes às diferentes camadas da classe média da população. A espontaneidade e a riqueza das interpretações denunciam os padrões sociais e morais que alicerçam a vida familiar, em alguns aspectos bastante similares aos encontrados nos primórdios da Primeira República, com uma prática doméstica fortemente hierarquizada, em que as pessoas ainda tentam manter relações cada vez mais assimétricas. Dessa maneira, esse tipo de concepção precisa ser discriminado e elaborado para viabilizar a compreensão de valores e condutas mais humanos, baseados em pressupostos igualitários capazes de direcioná-los a formatos mais cooperativos na vida adulta.

Parte dessa concepção se faz pelo fato de que os adolescentes apresentam um processo cognitivo mais amadurecido, porém a dificuldade em discriminar e identificar os mecanismos de construção e manutenção dos conflitos torna-os mais propensos a manter os pensamentos maniqueístas de certo e errado diante da crença de que conflito é sinônimo de violência. A manutenção dessa crença dificulta a compreensão de diferentes conceitos e padrões de enfrentamento nas discórdias, o que faz perpetuar o escalonamento da agressividade e violência num contexto familiar sem solução, mantendo o ciclo da indissolubilidade da situação.

Quanto aos conflitos, os filhos demonstram percebê-los de acordo com os formatos e as intensidades emocionais apresentados pelos pais e observados no cotidiano dos relacionamentos conjugais. Bastante entretidos em seu mundo em transformação e de novos desafios, os jovens não conseguem identificar claramente as nuances das interações da díade parental e as demandas da conjugalidade. Eles se misturam aos conflitos dos pais e isso os leva a uma compreensão simplista das razões, dos temas e dos mecanismos referentes ao desenvolvimento e à manutenção das discórdias.

Nos resultados, encontrei intensas discórdias da díade parental e a função reguladora da figura paterna para a estabilidade/desestabilidade na sua presença/ausência no domínio doméstico. Na sua presença, como no casamento, os conflitos aparecem mais amenos e de algum modo contornáveis, porém, na sua distância/ausência, como na separação, aparecem mais intensos e num escalonamento que chega à violência verbal e física.

Os temas mais expressivos de conflitos se referem à situação econômica e às práticas educativas. No aspecto financeiro, o mais significativo na construção e no escalonamento das discórdias é a dependência econômica das mulheres/filhos e as questões advindas do excesso ou dos problemas de trabalho de ambos os pais. Quanto às práticas educativas, estas ficam a cargo das mulheres, enquanto os homens as responsabilizam pela condução ineficiente dos cuidados e da educação dos filhos. Quando entram em cena os padrastos, estes são incluídos no ideal de pai, ou seja, aquele que corresponde às necessidades e expectativas dos filhos, mas de quem não é cobrada nenhuma responsabilidade.

O estilo de parentalidade demonstra que os efeitos *spillover* são consideráveis quando se identificam conflitos conjugais. Nesses casos, a parentalidade acaba sendo prejudicada pelos conflitos interparentais induzindo a padrões disfuncionais de violação das fronteiras dos relacionamentos hierárquicos e à triangulação. Esses padrões são significativos quando se considera o estilo de parentalidade como função central no aumento ou na diminuição dos efeitos dos conflitos conjugais sobre o desenvolvimento de problemas cognitivos e emocionais nos jovens.

A triangulação e a inversão hierárquica dos papéis entre pais e filhos são identificadas como fatores comuns na dinâmica familiar, sem que os prejuízos advindos desse sistema possam ser claramente percebidos. Isso expõe a prole a condições de risco, na medida em que os aprisiona a um mecanismo perverso da díade parental e, ao mesmo tempo, atua como bloqueador, impedindo a fluidez da energia necessária ao desenvolvimento das etapas específicas do ciclo vital. A maneira como os mecanismos utilizados pelos pais interferem no desenvolvimento cognitivo/emocional dos filhos e as consequências disso têm sido pouco pesquisados e precisam de maiores esclarecimentos no trabalho com as famílias.

A interferência de terceiros aparece como um dos fatores que intensificam os conflitos, principalmente na figura da avó materna, que se apresenta numa ambiguidade de papéis, pois, de um lado, ajuda na criação da prole, porém, de outro, intensifica as discórdias familiares. A ambiguidade desse papel também precisa ser mais aprofundada no que concerne à sua atuação na dinâmica familiar, principalmente com relação à monoparentalidade.

Quanto ao enfrentamento, não foram encontradas diferenças nas reações dos filhos aos conflitos. Os resultados acompanham o estudo apresentado por Cummings e Davies (2002) sobre *process oriented*, em que se incluem reações emocionais e cognitivas na elaboração de respostas que possam minimizar ou neutralizar o estresse causado pelos conflitos conjugais. Essas reações também são específicas da faixa etária estabelecida pelo estudo e, de algum modo, foram encontradas nas pesquisas realizadas com adolescentes nos últimos anos.

Em geral, os adolescentes demonstram grande expectativa de conquistar autonomia fora de casa, porém, no ambiente doméstico, querem ser cuidados e demonstram passividade diante dos temas e das discórdias familiares. Eles se colocam numa posição passiva de maneira bastante conveniente, pois, apesar de receberem cuidados, não querem retribuir nem estabelecer nenhum tipo de troca nas interações. Apresentam expectativa e busca do modelo familiar por eles idealizados, em que as figuras do pai provedor e da mãe cuidadora da família hierárquica coexistem com o estilo de expressividade calorosa, comunicação aberta e proximidade afetiva da família não hierárquica.

Os resultados desse trabalho também apontam para o aspecto crônico da problemática familiar no que concerne à manutenção das relações hierárquicas e à disputa de poder na resolução das discordâncias no cotidiano. A dificuldade encontrada na fraca discriminação dos conflitos conjugais para os adolescentes se deve não somente à falta de amadurecimento, específica de sua faixa etária, mas também à maneira infantilizada e precária de comunicação, que se deve à pouca disponibilidade/atenção e às soluções simplistas oferecidas pelos pais. Esse padrão de resposta induz os filhos a fugir das resoluções nas adversidades e dos compromissos do dia a dia dos relacionamentos, o que os mantém num círculo repetitivo de relações de dependência.

Os resultados me levam a refletir que a concepção de família se atualiza, porém a necessidade de ter presente a díade parental e conviver diariamente com ela parece garantir, para os adolescentes da camada média da população, certo apoio e certa segurança da família. A idade e o desenvolvimento afetivo/emocional indicam uma fase de transformação em que eles ainda estão fortemente ligados aos pais. No caso dos filhos de pais separados/divorciados, o sistema judicial possibilita que, a partir dos 12 anos de idade, sejam ouvidos pelo juiz do litígio. Os resultados do estudo indicam que isso não é adequado, visto que os jovens podem ser compelidos a se envolver no relacionamento da díade parental, porém sem ter recursos para discriminar os efeitos disso. Assim, eles devem ser protegidos das consequências de um posicionamento efetivo diante do dilema de lealdade aos pais.

O maior agravante da escuta judicial dos jovens é que os conflitos pessoais de lealdade são intensificados nas disputas entre os pais e isso passa a ser uma dificuldade para o trabalho da área psicológica. Além disso, os filhos acabam sendo sempre os maiores prejudicados, pois se torna impossível mediar ou estabelecer um acordo que seja efetivamente cumprido no âmbito da intimidade das relações familiares. O juiz poderá estabelecer um acordo entre os pais, porém o conflito de lealdade dos filhos só poderá ser trabalhado no campo das psicoterapias ou nos grupos de apoio, que começam a ser realizados no Brasil (Souza, 1995; Fillipini, 2003; Souza e Norgren, 2003; Souza, 2005). Assim, a vulnerabilidade dos jovens dessa faixa etária justifica ainda mais a necessidade da mediação familiar nos tribunais de Justiça, como um lócus protegido em que há expressão e aconselhamento.

Um importante fator de intersecção das competências da psicologia e do direito é o sistema de guarda única, o qual estabelece um padrão de relacionamento que possibilita/estimula/facilita o distanciamento entre os filhos e o cônjuge que não detém a guarda. Esse distanciamento vai contra o direito dos filhos de conviver com ambos os pais. A menos que haja uma situação de violência ou alta intensidade de conflitos interparentais em que a prole esteja correndo algum tipo de risco físico/moral/psicológico, esse tipo de guarda deve ser evitado. A melhor alternativa para os filhos será sempre a guarda compartilhada, nos moldes que melhor se ajustarem aos interesses deles. Além disso, a guarda única, juntamente com a morosidade do sistema judicial, pode contribuir para a instalação da Síndrome da Alienação Parental, bastante comum nos processos judiciais em que há crianças pequenas envolvidas.

Essas dificuldades me levam a questionar como podemos ajudar tanto os pais quanto os filhos a resolver parte das angústias do dia a dia. Sem dúvida alguma, as famílias convivem num mundo multifacetado repleto de significações conflituosas com poucas alternativas positivas de resoluções. De um lado, temos pais ocupados, estressados e sem tempo, dinheiro e recursos disponíveis para orientar e educar seus filhos. De outro lado, temos filhos inseguros, confusos e com acesso a resoluções rápidas, simplistas e pouco consistentes para os conflitos vividos e observados na intimidade dos relacionamentos.

Um importante aspecto do o procedimento de pesquisa com os grupos foi que os adolescentes identificaram a importância da participação no trabalho, dando indícios de que o contato com a dinâmica dos conflitos e o posterior processamento verbal das experiências tiveram um efeito bastante positivo. Dessa maneira, os obstáculos impostos pela complexidade do tema e pela abordagem delicada puderam ser superados, e os jovens passaram a ter um espaço de manifestação, compartilhamento e elaboração das vivências dolorosas no cotidiano das famílias.

Outro aspecto relevante são os recursos disponíveis em nossa sociedade e os possíveis dispositivos que podem ser utilizados por profissionais da psicologia, atuantes nas áreas clínica, jurídica, educacional e de pesquisa.

Na área clínica, as pesquisas sobre a temática familiar realizadas dentro e fora do Brasil indicam maneiras, formatos e conteúdos de atuação a serem utilizados em diversas práticas da atividade profissional, seja nos consultórios particulares, em consultorias ou na intervenção em comunidades. O trabalho com grupos de apoio, tanto nas escolas como em clínicas particulares e ONGs, favorece o enfrentamento das dificuldades. Esses espaços podem não só oferecer novos instrumentos de compreensão e enfrentamento da situação como também favorecer o agenciamento e o protagonismo. Ao mesmo tempo, as atuações com grupos nos sociodramas temáticos possibilitam a abordagem de um grande número de pessoas e aparece como um indicador efetivo de transformação e conscientização dos temas e conteúdos levantados por pais e filhos nos contextos clínico, social e jurídico.

Na área jurídica, é necessário implantar uma instância de mediação para ajudar os que procuram o Judiciário para a decisão e resolução dos conflitos familiares. O que a experiência de trabalho tem indicado é que, em vez de possibilitar recursos de auxílio às famílias, o sistema judiciário acaba intensificando as questões que são levadas ao seu âmbito. Os procedimentos judiciais tornam a questão familiar ainda mais complexa e com menor probabilidade de ser resolvida, visto que há inúmeros interesses incluídos nos discursos das partes envolvidas, o que acaba camuflando as reais necessidades dos filhos nos litígios. A falta de parâmetros, o fraco alinhamento do trabalho psicológico e, muitas vezes, a comunicação ineficiente entre a área jurídica e a psicológica não ajudam os juízes nas decisões de processos das varas de Família e Sucessões e da Infância e Juventude, apesar de eles procurarem ter a melhor conduta. Assim, ainda há muito trabalho a ser desenvolvido e implantado nessa intersecção.

A mediação familiar estabelecida de maneira efetiva, reconhecida e legitimada possibilita a construção e a aprendizagem de procedimentos mais eficientes de resolução de conflitos, assim como flexibiliza e desarticula o posicionamento antagônico comum dos processos judiciais, oferecendo uma alternativa de solução e um encaminhamento da problemática familiar. Ao mesmo tempo, a mediação pode dividir com a figura do juiz a função de formalizar uma decisão e/ou direcionar positivamente as discórdias constituídas nas famílias.

Os resultados deste trabalho indicam que se torna imperativo que a questão econômica seja tratada com mais rigor pela área psicológica no contexto judicial. As ações sobre guarda e visitas são permeadas pelos temas econômicos e acabam sendo desconsideradas no processamento da dinâmica familiar. Os participantes demonstram a importância de se reverem os formatos com que os documentos de perícia psicológica (laudo e parecer técnico) descrevem a problemática da família e também os conteúdos incluídos nos padrões de triangulação e inversão dos papéis hierárquicos nas relações entre os pais e entre pais e filhos. Considerando que os documentos inseridos num processo judicial têm por objetivo auxiliar o juiz na tomada de decisão, cabe à área psicológica incluir como significativos os temas indicados pelos filhos nos conflitos conjugais.

Finalizando, um aspecto a ser enfatizado refere-se à educação para resolução de conflitos. A crença no binômio conflito-violência não se estabelece unicamente entre os adolescentes, mas também na população adulta. A maneira maniqueísta com que os conflitos são enfrentados e resolvidos, por meio de ação-reação intensa, rápida e com pouca reflexão, leva à intensificação e ao escalonamento das discórdias e, consequentemente, à indissolubilidade das situações conflituosas. Assim, a aprendizagem dos mecanismos de resolução de conflitos introduz uma nova dimensão ao modo como se definem e compreendem os antagonismos pessoais, interpessoais e entre grupos e nações. A transformação da mentalidade dos indivíduos e a consequente repercussão disso na política, no social e no familiar tenderiam a potencializar as características das relações humanas que são mais consistentes e eficientes para a melhora da qualidade de vida do planeta.

Bibliografia

ABARBANEL, A. "Shared parenting after separation and divorce: a study of joint custody". *American Journal of Orthopsychiatry*, 49, 2, abr. 1979.
ABERASTURY, A.; KNOBEL, M. *Adolescência normal*. Porto Alegre: Artes Médicas, 1981.
AGUIAR, M. *Teatro espontâneo*. São Paulo: Ágora, 1998.
ARAÚJO, J. N. G.; CARRETEIRO, T. C. (orgs.). *Cenários sociais e abordagem clínica*. São Paulo: Escuta; Belo Horizonte: Fumec, 2001.
AZEVEDO, T. "Família, casamento e divórcio no Brasil". *Journal of Inter-American Studies*, v. III, 2, abr. 1961, p. 213-37.
BAKER, A. J. L. "The long-term effects of parental alienation on adult children: a qualitative research study". *The American Journal of Family Therapy*, v. 33, 4, 2005, p. 289-302.
_____. "Knowledge and attitudes about the parental alienation syndrome: a survey custody evaluators". *American Journal of Family Therapy*, 35, 2007, p. 1-19.
BALA, N. et al. "Alienation children and parental separation: legal responses from Canada's Family Courts". *Queens Law Journal*, 33, 2007, p. 79-138.
BAPTISTA, S. N. "Guarda e direito de visita". *Revista Brasileira de Direito de Família*, Porto Alegre, v. 2, n. 5, abr./jun. 2000, p. 36-50.
BAPTISTA, T. T. "Psicodrama com grandes grupos". *Revista Brasileira de Psicodrama*, v. 11, n. 2, 2003, p. 159-64.
BARBERÁ, E. L.; KNAPPE, P. P. *A escultura na psicoterapia: psicodrama e outras técnicas de ação*. São Paulo: Ágora, 1999.
BAUSERMAN, R. "Child adjustment in joint-custody and sole-custody arrangements: a meta-analytic view". *Journal of Family Psychology*, 16, 1, mar. 2002, p. 91-102.

Belsky, J.; Pensky, E. "Developmental history, personality and family relationship: toward an emergent family system". In: Hinde, R.; Stevenson-Hinde, J. (orgs.). *The interrelation of family relationship*. Londres: Cambridge University Press, 1988, p. 193-217.

Benedek, E. P.; Benedek, R. S. "Joint custody: solution or illusion?" *American Journal Psychiatry*, 136, dez. 1979, p. 12.

Benetti, S. P. C. "Conflito conjugal: impacto no desenvolvimento psicológico da criança e do adolescente". *Psicologia: Reflexão e Crítica*, Porto Alegre, v. 19, n. 2, 2006, p. 261-8.

Bone, J. M.; Walsh, M. R. "Parental alienation syndrome: how to detect it and what to do about it". *The Florida Bar Journal*, v. 73, n. 3, mar. 1999, p. 44-8.

Bow, J. N.; Gould, J. W.; Flens, J. R. "Examining parental alienation in child custody cases: a survey of mental health and legal professionals". *The American Journal of Family Therapy*, v. 37, n. 2, mar. 2009, p. 127-45.

Bradford, K. et al. "A multi-national study of interparental conflict, parenting and adolescent functioning: South Africa, Bangladesh, China, India, Bosnia, Germany, Palestine, Colombia and the United States". *Journal of Marriage & Family Review*, 35 (3-4), 2004, p. 107-37.

Brandes, J. R. "Parental alienation". *New York Law Journal*, 26 mar. 2000, p. 3.

Buehler, C.; Gerard, J. M. "Marital conflict, ineffective parenting and children's and adolescent's maladjustment". *Journal of Marriage & Family*, 64 (1), fev. 2002, p. 78-92.

Burns, A.; Dunlop, R. "Parental marital quality and family conflict: longitudinal effects on adolescents from divorcing and non-divorcing families". *Journal of Divorce and Remarriage*, 37 (1-2), 2002, p. 57-74.

_____. "Parent and child similarities in divorcing and non-divorcing families: a ten year study". *Journal of Divorce and Remarriage*, 39 (1-2), 2003, p. 45-63.

Bustos, D. M. *Perigo... amor à vista! Drama e psicodrama de casais*. 2. ed. São Paulo: Aleph, 2001.

Campos, D. M. S. *Psicologia da adolescência: normalidade e psicopatologia*. 19. ed. Petrópolis: Vozes, 2002.

Carreteiro, T. C. "Perspectivas da cidadania brasileira: entre as lógicas do direito, do favor e da violência". In: Araújo, J. N. G.; Carreteiro, T. C. (orgs.). *Cenários sociais e a abordagem clínica*. São Paulo: Escuta; Belo Horizonte, Fumec, 2001, p. 155-68.

Cashmore, J.; Goodnow, J. "Agreement between generations: a two-process approach". *Child Development*, 56, 1985, p. 493-501.

Castro, L. R. F. *Disputa de guarda e visitas: no interesse dos pais ou dos filhos?* São Paulo: Casa do Psicólogo, 2003.

Cohen, O. et al. "Family resilience: Israeli mothers perspectives". *The American Journal of Family Therapy*, 30, 2002, p. 173-87.

COWAN, P. A.; COWAN, C. P.; SCHULZ, M. S. "Thinking about risk and resiliency in families". In: HETHERINGTON, M. E.; BLECHMAND, E. A. (orgs.). *Stress, coping and resiliency in children and families*. Mahwah: Lawrence Erlbaum, 1996, p. 1-38.

CROSBIE-BURNETT, M. "Impact of joint versus sole custody and quality of coparental relationship on adjustment of adolescents in remarried families". *Behavioral Sciences and the Law*, v. 9, 1991, p. 439-49.

CUMMINGS, E. M. "Children exposed to marital conflict and violence: conceptual and theoretical directions". In: HOLDEN, G.; GEFFNER, B.; JOURILES, E. (orgs.). *Children exposed to marital violence: theory, research and applied issues*. Washington: American Psychological Association, 1998, p. 21-53.

CUMMINGS, E. M.; BALLARD, M.; EL-SHEIKH, M. "Responses of children and adolescents to interadult anger as a function of gender, age and mode of expression". *Merrill-Palmer Quartely*, 37, 1991, p. 543-60.

CUMMINGS, E. M.; CUMMINGS, J. S. "A process oriented approach to children's coping with adults angry behavior". *Developmental Review*, 8, 1988, p. 296-321.

CUMMINGS, E. M.; DAVIES, P. *Children and marital conflict: the impact of family dispute and resolution*. Nova York: Guilford Press, 1994.

_____. "Effects of marital conflict on children: recent advances and emerging themes in process oriented research". *Journal of Child Psychology and Psychiatry*, v. 43, n. 1, 2002, p. 31-63.

CUMMINGS, E. M.; ZAHN-WAXLER, C.; LAKE, M. "Resolution and children's responses to interadult anger". *Developmental Psychology*, 27, 1991, p. 462-70.

CUMMINGS, E. M.; ZAHN-WAXLER; RADKE-YARROW, M. "Developmental changes in children's reactions to anger in the home". *Journal of Child Psychology and Psychiatry*, 25, 1984, p. 63-74.

CUMMINGS, E. M. et al. "Interparental discord and child adjustment: prospective investigations of emotional security as an explanatory mechanism". *Child Development*, 77, 2006, p. 132-52.

CUMMINGS, J. S. et al. "Children's responses to angry adult behavior as a function of marital distress and history of interparent hostility". *Child Development*, 60, 1989, p. 1035-43.

DADDS, M. R. et al. "Childhood depression and conduct disorder: an analysis of family interaction patterns in the home". *Journal of Abnormal Psychology*, 10, 1992, p. 505-13.

DAMATTA, R. "A família como valor: considerações não familiares sobre a família brasileira". In: ALMEIDA, A. M.; CARNEIRO, M. J.; PAULA, S. G. (orgs.). *Pensando a família no Brasil*. Rio de Janeiro: UFRJ, 1987, p. 115-36.

_____. "Tem pente aí? Reflexões sobre a identidade masculina". In: CALDAS, D. (org.). *Homens: comportamento, sexualidade e mudança*. São Paulo: Senac, 1997, p. 31-49.

DARNALL, D. *Divorce casualties: protecting your children from parental alienation*. Creskill: Creative Therapeutics, 1998.
DAVIES, P. T.; CUMMINGS, E. M. "Marital conflict and child adjustment: an emotional security hypothesis". *Psychological Bulletin*, 116, 1994, p. 387-411.
DAVIES, P. T. *et al.* "Adult conflict history and children's subsequent responses to conflict: an experimental test". *Journal of Family Psychology*, v. 13, n. 4, 1999, p. 610-28.
DAVOLI, C. "O teatro espontâneo e suas terminologias". *Revista Brasileira de Psicodrama*, v. 3, fasc. 1, 1995, p. 15-20.
_____. "Aquecimento – Caminhos para a dramatização". In: ALMEIDA, W. C. *et al. Grupos: a proposta do psicodrama*. São Paulo: Ágora, 1999, p. 77-88.
DESSEN, M. A.; TORRES, C. V. "Family and socialization factors in Brazil: an overview". In: LONNER, W. J. *et al.* (orgs.). *Readings in psychology and culture*. Bellingham: Western Washington University, 2002, cap. 2.
DIAS, M. B. "Quem é o pai?" *Revista Brasileira de Direito de Família*, Porto Alegre, v. 4, n. 15, out./nov./dez. 2002, p. 5-14.
DOLTO, F. *Quando os pais se separam*. Rio de Janeiro: Zahar, 1989.
DOYLE, A. B.; MARKIEWICZ, D. "Parenting, marital conflict and adjustment from early-to mid-adolescence: mediated by an attachment style?" *Journal of Youth & Adolescence*, 34(2), abr. 2005, p. 97-110.
ELLIS, E. M. "Impact of parental conflict on children's adjustment following divorce". In: *Divorce wars: interventions with families in conflict*. Washington: American Psychological Association, 2000, p. 37-59.
EL-SHEIKH, M.; HARGER, J. "Appraisals of marital conflict and children's adjustment, health and physiological reactivity". *Developmental Psychology*, 37, 2001, p. 875-85.
EMERY, R. E. "Parental alienation syndrome: proponents bear the burden of proof". *Family Court Review*, v. 43, n. 1, jan. 2005, p. 8-13.
FACHIN, L. E. *Da paternidade: relação biológica e afetiva*. Belo Horizonte: Del Rey, 1996.
_____. "Direito além do Novo Código Civil: novas situações sociais, filiação e família". *Revista Brasileira de Direito de Família*, Porto Alegre, v. 5, n. 17, abr./maio 2003, p. 7-38.
FÉRES-CARNEIRO, T. "A escolha amorosa e interação conjugal na heterossexualidade e na homossexualidade". *Psicologia: Reflexão e Crítica*, Porto Alegre, v. 10, n. 2, 1997, p. 351-68.
FIGUEIRA, S. A. "O 'moderno' e o 'arcaico' na nova família brasileira: notas sobre a dimensão invisível da mudança social". In: *Uma nova família? O moderno e o arcaico na família brasileira*. Rio de Janeiro: Zahar, 1987, p. 11-30.
FILLIPINI, R. *Grupo de apoio para crianças na situação de divórcio ou separação parental*. Dissertação (Mestrado em Psicologia Clínica) – Pontifícia Universidade Católica de São Paulo, São Paulo, 2003.

FINCHAM, F. D. "Understanding the association between marital conflict and child adjustment". *Journal of Family Psychology*, 8, 1994, p. 123-7.

FONTES, F. C. C. *A força do afeto na família: uma possibilidade de interrupção da prática infracional de adolescentes em liberdade assistida*. Dissertação (Mestrado em Psicologia Social) – Pontifícia Universidade Católica de São Paulo, São Paulo, 2004.

_____. *Laços intergeracionais na família em contexto infracional. Quando a relação avós e netos pode ser liberadora*. Tese (Doutorado em Serviço Social) – Pontifícia Universidade Católica de São Paulo, São Paulo, 2008.

GARDNER, R. "Recent trends in divorce and custody litigation". *The Academy Forum, American Academy of Psychoanalysis*, 29 (2), 1985, p. 3-7.

_____. *Child custody litigation: a guide for parents and mental health professionals*. Cresskill: Creative Therapeutics, 1986.

_____. *The parental alienation syndrome and the differentiation between fabricated and genuine child sex abuse*. Cresskill: Creative Therapeutics, 1987a.

_____. "Child custody". In: NOSHPITZ, J. (org.). *Basic handbook of child psychiatry*. Nova York: Basic Books, v. V, 1987b, p. 637-46.

_____. *Family evaluation in child custody mediation, arbitration and litigation*. Cresskill: Creative Therapeutics, 1989.

_____. *The parental alienation syndrome*. Cresskill: Creative Therapeutics, 1992.

_____. "Recommendations for dealing with parents who induce a parental alienation syndrome in their children". *Journal of Divorce & Remarriage*, 28 (3/4), p. 1-23, 1998.

_____. *Parental alienation syndrome diagnosis and treatment tables*. Cresskill: Creative Therapeutics, 2002.

GLENN, N. D. "Quantitative research on marital quality in the 1980s: a critical review". *Journal of Marriage and the Family*, 52, 1990, p. 818-31.

GOLDBERG, L. "Review of adult children of parental alienation syndrome: breaking the ties that bind by Amy J. L. Baker". *Cultic Studies Review*, v. 7, n. 1, 2008, p. 57-63.

GREIF, J. B. "Fathers, children and joint custody". *American Journal of Orthopsychiatry*, 49, 1979, p. 311-19.

GRYCH, J. H.; FINCHAM, F. D. "Marital conflict and children's adjustment: a cognitive-contextual framework". *Psychological Bulletin*, 108, 1990, p. 267-90.

_____. *Interparental conflict and child development: theory, research and applications*. Nova York: Cambridge University Press, 2001.

GRYCH, J. H.; RAYNOR, S. R.; FOSCO, G. M. "Family processes that shape the impact of interparental conflict on adolescents". *Development & Psychopathology*, 16(3), 2004, p. 649-65.

HACKSTAFF, K. B. *Marriage in a culture of divorce*. Filadélfia: Temple University Press, 1999.

HEITLER, S. M. *From conflict to resolution: strategies for diagnosis and treatment of distressed individuals, couples and families.* Nova York; Londres: W. W. Norton & Company, 1990.

HESS, R. D.; CAMARA, K. A. "Post-divorce relationships as mediating factors in the consequence of divorce for children". *Journal of Social Issues*, 35, 4, 1979, p. 416-28.

HETHERINGTON, E. M. "A review of the Virginia Longitudinal Study of divorce and remarriage: a focus on early adolescence". *Journal of Family Psychology*, 7, 1993, p. 39-56.

_____. "Should we stay together for the sake of the children?" In: HETHERINGTON, E. M. (org.). *Coping with divorce, single parenting and remarriage: a risk and resiliency perspective.* Nova Jersey: Lawrence Erlbaum, 1999.

HETHERINGTON, E. M.; KELLY, J. *For better or for worse: divorce reconsidered.* Nova York; Londres: W. W. Norton & Company, 2002.

HETHERINGTON, E. M.; STANLEY-HAGAN, M. "The adjustment of children with divorced parents: a risk and a resiliency perspective". *The Journal of Child Psychology and Psychiatry*, 40 (1), 1999, p. 129-40.

HOUAISS, A. *Dicionário da língua portuguesa.* Rio de Janeiro: Objetiva, 2004.

HOULT, J. A. "The evidentiary admissibility of parental alienation syndrome: science, law and policy". *Children's Legal Rights Journal*, v. 26, n. 1, 2006, p. 1-61.

IRVING, H. H.; BENJAMIN, M.; TROCME, N. "Shared parenting: an empirical analysis utilizing a large data base". *Family Process*, v. 23, dez. 1984, p. 561-9.

JENKINS, J. et al. "Mutual influence of marital conflict and children's behavior problems: shared and nonshared risks". *Child Development*, 76 (1), jan. 2005, p. 24-39.

KASLOW, F. W.; SCHWARTZ, L. L. *As dinâmicas do divórcio: uma perspectiva de ciclo vital.* São Paulo; Campinas: Psy, 1995.

KATZ, L. F.; GOTTMAN, J. M. "Patterns of marital conflict predict children's internalizing and externalizing behaviors". *Developmental Psychology*, 29, 1993, p. 940-50.

KELLY, J. B. "The determination of child custody in the USA". *Future for Children*, 4 (1), 1994, p. 121-42.

KELLY, J. B.; JOHNSTON, J. R. "The alienated child: a reformulation of parental alienation syndrome". *Family Court Review*, 39, p. 249-66, 2001.

KERIG, P. K. "Triangles in the family circle: effects of family structure and marriage, parenting and child adjustment". *Journal of Family Psychology*, 9 (1), mar. 1995, p. 28-43.

KLINE, M. et al. "Children's adjustment in joint and sole physical custody families". *Developmental Psychology*, 25 (3), maio 1989, p. 430-8.

KNOBEL, A. M. A. C. *Moreno em ato – A construção do psicodrama a partir das práticas.* São Paulo: Ágora, 2004.

LÉVY, A. *Ciências clínicas e organizações sociais*. Belo Horizonte: Autêntica, 2001.
LIMA, N. S. T. "Inclusão e teatro espontâneo: novos regimes de verdade?" *Revista Brasileira de Psicodrama*, v. 2, n. 2, 2002, p. 11-23.
LÔBO, P. L. N. "Filiação – Direito ao estado de filiação e direito à origem genética: uma distinção necessária". *Revista Brasileira de Direito de Família*, Porto Alegre, v. 5, n. 19, ago./set. 2003, p. 133-56.
_____. "Repersonalização das relações de família". *Revista Brasileira de Direito de Família*, Porto Alegre, v. 6, n. 24, jun./jul. 2004, p. 136-58.
LOWENSTEIN, L. F. "Parental alienation syndrome and its impact on children". 2005. Disponível em: <www.parental-alienation.info/publications/26-paralisynanditsimponchi.htm>. Acesso em: 2 ago. 2009.
MADALENO, R. "Filhos do coração". *Revista Brasileira de Direito de Família*, Porto Alegre, v. 6, n. 23, abr./maio, 2004, p. 22-36.
MAJOR, J. A. "Parents who have successfully fought parental alienation syndrome". 2000. Disponível em: <www.breakthroughparenting.com/PAS.htm>. Acesso em: 2 ago. 2009.
MARINEAU, R. F. *Jacob Levy Moreno – 1889-1974: pai do psicodrama, da sociometria e da psicoterapia de grupo*. São Paulo: Ágora, 1992.
MARGOLIN, G.; OLIVER, P. H.; MEDINA, A. M. "Integrating developmental psychopathology and risk/resilience perspectives". In: GRYCH, J. H.; FINCHAM, F. D. *Interparental conflict and child development: theory, research and applications*. Nova York: Cambridge University Press, 2001.
MARRA, M. M. *O agente social que transforma: o sociodrama na organização dos grupos*. São Paulo: Ágora, 2004.
MARRA, M. M.; COSTA, L. F. "A pesquisa-ação e o sociodrama: uma conexão possível?" *Revista Brasileira de Psicodrama*, v. 12, n. 1, 2004, p. 99-116.
MCDONALD, R.; GRYCH, J. H. "Young children's appraisals of interparental conflict: measurement and links with adjustment problems". *Journal of Family Psychology*, v. 20, n. 1, 2006, p. 88-99.
MCINTOSH, J. "Enduring conflict in parental separation: pathways of impact on child development". *Journal of Family Studies*, 9(1), abr. 2003, p. 63-80.
MENEGAZZO, C. M. et al. *Dicionário de psicodrama e sociodrama*. São Paulo: Ágora, 1995.
MIRANDA JÚNIOR, H. C. "A pessoa em desenvolvimento: o discurso psicológico e as leis brasileiras para a infância e a juventude". *Revista Brasileira de Direito de Família*, Porto Alegre, n. 6, jul./ago./set, 2000, p. 53-63.
MONTEIRO, A. M.; BRITO, V. "Ética no psicodrama: contextualizando o processamento". *Revista Brasileira de Psicodrama*, v. 8, n. 2, p. 41-3, 2000.
MORENO, J. L. *O teatro da espontaneidade*. São Paulo: Summus, 1984.
_____. *Quem sobreviverá? Fundamentos da sociometria, psicoterapia de grupo e sociodrama*. Goiânia: Dimensão, 1992, v. I.

_____. *Psicoterapia de grupo e psicodrama*. Campinas: Livro Pleno, 1999.

MOTTA, M. A. P. "Guarda compartilhada: novas soluções para novos tempos". *Direito de Família e Ciências Humanas, Caderno de Estudos, n. 3*. São Paulo: Editora Jurídica Brasileira, 2000.

_____. "A síndrome de alienação parental". In: SILVA, E. L. *et al*. *Síndrome de alienação parental e a tirania do guardião: aspectos psicológicos, sociais e jurídicos*. Porto Alegre: Equilíbrio, 2007.

MOURA, O.; MATOS, P. M. "Vinculação aos pais, divórcio e conflito interparental em adolescentes". *Psicologia*, v. XXII, n. 1, Lisboa, 2008, p. 127-52.

NERY, M. P.; CONCEIÇÃO, M. I. G. "Sociodrama da inclusão racial: quebrando a inércia". *Revista Brasileira de Psicodrama*, São Paulo, v. 14, n. 1, 2006, p. 105-19.

NORGREN, M. B. P. *et al*. "Satisfação conjugal em casamentos de longa duração: uma construção possível". *Estudos de Psicologia*, Natal, v. 9, n. 3, set./dez. 2004, p. 575-84.

OLIVEIRA, N. F. *Representações e práticas de gênero em distratos de casamento – Salvador, 1890-1920*. Dissertação (Mestrado em História Social) – Pontifícia Universidade Católica de São Paulo, São Paulo, 1999.

PAPP, L. M.; CUMMINGS, E. M.; GOEKE-MOREY, M. C. "Marital conflicts in the home when children are present versus absent". *Developmental Psychology*, 38 (5), set. 2002, p. 774-83.

PEARSON, J.; THOENNES, N. "Custody after divorce: demographic and attitudinal patterns". *American Journal of Orthopsychiatry*, v. 60 (2), abr. 1990, p. 233-49.

PEREIRA, R. C. "Família, direitos humanos, psicanálise e inclusão social". *Revista Brasileira de Direito de Família*, Porto Alegre, v. 4, n. 6, 5-11, jan./fev./mar. 2003.

PEREIRA, T. S. "O princípio do 'melhor interesse da criança': da teoria à prática". *Revista Brasileira de Direito de Família*. Porto Alegre, n. 6, jul./ago./set. 2000, p. 31-49.

RAMIRES, V. R. R. *O amor e suas vicissitudes: as concepções de crianças e adolescentes*. Tese (Doutorado em Psicologia Clínica) – Pontifícia Universidade Católica de São Paulo, São Paulo, 2002.

_____. "As transições familiares: a perspectiva de crianças e adolescentes". *Psicologia em Estudo*, Maringá, v. 9, n. 2, maio/ago. 2004.

RAMOS, E. *et al*. "O psicodrama com metodologia de intervenção no trabalho comunitário". *Revista Brasileira de Psicodrama*, v. 6, n. 1, 1998, p. 111-27.

RIBEIRO, M. A "Separação conjugal: o que os filhos acham e como se sentem?" *Estudos de Psicologia*, n. 2, ago./dez. 1989, p. 25-40.

SAMARA, E. M. "Família, divórcio e partilha de bens em São Paulo no século XIX". *Estudos Econômicos*, 13, 1983, número especial, p. 787-97.

_____. "Novas imagens da família 'à brasileira'". *Psicologia-USP*, São Paulo, 3 (1/2), 1992, p. 59-66.

Santos, L. V.; Costa, L. F. "Avaliação da dinâmica conjugal violenta e suas repercussões sobre os filhos". *Psicologia: Teoria e Prática*, n. 6, v. 1, 2004, p. 59-72.

Scaffi, N. *Assumindo as diferenças: índios, aids, programas de prevenção. Uma contribuição metodológica a partir dos pressupostos do psicodrama.* Dissertação (Mestrado em Saúde Coletiva) – Universidade Federal de Mato Grosso do Sul, Campo Grande, 2002.

Schulz, M. S. et al. "Adolescents behavior in the presence of interparental hostility: developmental and emotional influences". *Development & Psychopathology*, 17 (2), set. 2005, p. 489-507.

Schwartz, L. L. "Children's perceptions of divorce". *The American Journal of Family Therapy*, 20 (4), 1992, p. 324-32.

Seixas, M. R. D. *Sociodrama familiar sistêmico*. São Paulo: Aleph, 1992.

Sévigny, R. "Abordagem clínica nas ciências humanas". In: Araújo, J. N. G.; Carreteiro, T. C. (orgs.). *Cenários sociais e abordagem clínica*. São Paulo: Escuta; Belo Horizonte: Fumec, 2001.

Sobolewski, J. M.; Amato, P. R. "Parents discord and divorce, parent-child relationships and subjective well-being in early adulthood: is feeling close to two parents always better than feeling close to one?" *Social Forces*, v. 85, n. 3, mar. 2007, p, 1.105-24.

Souza, M. C. C. "Mulher e divórcio em São Paulo na Primeira República (1890--1930)". *Psicologia-USP*, São Paulo, 3 (1/2), 1992, p. 37-44.

Souza, R. M. "Os filhos do divórcio". In: Macedo, R. M. (org.) *Terapia familiar no Brasil: o estado da arte*. São Paulo: APTF, 1995, p. 511-18.

_____. "A criança na família em transformação: um pouco de reflexão e um convite à investigação". *Psicologia Revista*, São Paulo, n. 5, dez. 1997, p. 33-51.

_____. "Família, minha família, a família do papai, uma família sem papai, e outros desafios à compreensão infantil". *Psicologia Revista*, São Paulo, n. 7, dez. 1998, p. 11-32.

_____. "As crianças e suas ideias sobre o divórcio". *Psicologia Revista*, São Paulo, n. 9, dez. 1999, p. 103-20.

_____. "Depois que papai e mamãe se separaram: um relato dos filhos". *Psicologia: Teoria e Pesquisa*, v. 16, n. 3, set./dez. 2000, p. 203-11.

_____. "Mediação social: uma experiência de trabalho em comunidade de baixa renda". In: Muszkat, M. E. (org.). *Mediação de conflitos: pacificando e prevenindo a violência*. São Paulo: Summus, 2003.

_____. "Grupos de apoio para filhos de pais separados e divorciados". *Iberpsicologia*, v. 10, 2005, p. 10-19. Disponível em: <www.fedap.es/IberPsicologia/iberpsi10/congreso_lisboa/mantilla/mantilla.htm>. Acesso em: 2 ago. 2009.

Souza, R. M.; Norgren, M. B. P. "Grupos de apoio para crianças na separação parental: novas perspectivas de atendimento". *Anais do V Congresso Brasileiro de Arteterapia*. Ouro Preto (MG), 2003.

Souza, R. M.; Ramires, V. R. R. *Amor, casamento, família, divórcio... e depois, segundo as crianças*. São Paulo: Summus, 2006.
Suares, M. *Mediación. Conducción de disputas, comunicación y técnicas*. Buenos Aires: Piados, 1999.
Szelbracikowski, A.; Dessen, M. A. "Problemas de comportamento exteriorizado e as relações familiares: revisão de literatura". *Psicologia em Estudo*, Maringá, v. 12, n. 1, jan./abr. 2007, p. 33-40.
Teyber, E. *Ajudando as crianças a conviver com o divórcio*. São Paulo: Nobel, 1995.
Tiet, Q. Q. et al. "Adverse life events and resilience". *Journal of the American Academy of Child and Adolescent Psychiatry*, 37 (11), nov. 1998, p. 1.191-1.200.
Toloi, M. D. C. *Filhos do divórcio: como compreendem e enfrentam conflitos conjugais no casamento e na separação*. Tese (Doutorado em Psicologia Clínica) – Pontifícia Universidade Católica de São Paulo, São Paulo, 2006.
Wagner, A.; Falcke, D.; Meza, E. B. D. "Crenças e valores dos adolescentes acerca de família, casamento, separação e projetos de vida". *Psicologia: Reflexão e Crítica*, Porto Alegre, v. 10, n. 1, 1997, p. 155-67.
Wagner, A. et al. "Configuração familiar e o bem-estar psicológico dos adolescentes". *Psicologia: Reflexão e Crítica*, Porto Alegre, v. 12, n. 1, 1999, p. 147-56.
Wallerstein, J. S.; Kelly, J. B. *Surviving the breakup: how children and parents cope with divorce*. Nova York: Basic Books, 1980.
_____. "Effects of divorce on the visiting father-child relationship". *American Journal of Psychiatry*, 137, 1980, p. 1.534-39.
Warshak, R. A. "Current controversies regarding parental alienation syndrome". *The American Journal of Forensic Psychology*, 19 (3), 2001, p. 29-59.
_____. "Misdiagnosis of parental alienation syndrome". *American Journal of Forensic Psychology*, 20 (2), 2002, p. 31-52.
Watzlawick, P. *Cambio*. Barcelona: Herder, 1976.
Weitzman, L. J. *The divorce resolution: the unexpected social and economic consequences for women and children in America*. Nova York: Free Press, 1985.
White, M. *Guias para una terapia familiar sistémica*. Barcelona: Gesida, 1994.
Zampieri, A. M. F. *Sociodrama da aids: método de construção grupal na educação preventiva da Síndrome da Imunodeficiência Adquirida*. Dissertação (Mestrado em Psicologia Clínica) – Pontifícia Universidade Católica de São Paulo, São Paulo, 1996.
_____. *Sociodrama construtivista da sexualidade conjugal na prevenção de HIV e de aids no casamento*. Tese (Doutorado em Psicologia Clínica) – Pontifícia Universidade Católica de São Paulo, São Paulo, 2002.

leia também

MEDIAÇÃO FAMILIAR TRANSDISCIPLINAR
UMA METODOLOGIA DE TRABALHO EM SITUAÇÕES DE CONFLITO DE GÊNERO
Malvina E. Muszkat, Maria Coleta Oliveira, Sandra Unbehaum e Suzana Muszkat

Este livro apresenta a mediação familiar transdisciplinar como método para atender populações de baixa renda em situações de conflito e para promover uma reflexão sobre a violência. A obra é destinada a assistentes sociais, advogados e interessados em utilizar o método.
REF. 10523   ISBN 978-85-323-0523-7

COMUNICAÇÃO NÃO-VIOLENTA
TÉCNICAS PARA APRIMORAR RELACIONAMENTOS PESSOAIS E PROFISSIONAIS
Dr. Marshall B. Rosenberg

Manual prático que apresenta metodologia para aprimorar os relacionamentos interpessoais e diminuir a violência no mundo. Aplicável em centenas de situações que exigem clareza e fluência na comunicação: em fábricas, escolas, comunidades carentes etc.
REF. 20826   ISBN 978-85-7183-826-0

O FIM DO SILÊNCIO NA VIOLÊNCIA FAMILIAR
TEORIA E PRÁTICA
Dalka C. A. Ferrari e Tereza C. C. Vecina (orgs.)

Os artigos aqui reunidos foram escritos por profissionais do Centro de referência às vítimas de violência – CNRVV. O livro aborda temas como a retrospectiva da questão da violência, o modo de funcionamento de uma sociedade e as intervenções possíveis. É uma obra de grande importância para todos os que lidam com esse tema devastador, mostrando que há, sim, saídas possíveis.
REF. 20807   ISBN 85-7183-807-0

LAÇOS AMOROSOS
TERAPIA DE CASAL E PSICODRAMA
Maria Amalia Faller Vitale (org.)

Coletânea de artigos de profissionais de primeira linha que vem sendo pensada e elaborada há anos, com o intuito de dar visibilidade ao trabalho psicodramático com casais ou famílias. Dois planos interagem nos escritos: o impacto de mudanças sociais que interferem na vida familiar e a contribuição de Moreno para a terapia de casal.
REF. 20884   ISBN 85-7183-884-4

------------- dobre aqui -------------

CARTA-RESPOSTA
NÃO É NECESSÁRIO SELAR

O SELO SERÁ PAGO POR

AC AVENIDA DUQUE DE CAXIAS
01214-999 São Paulo/SP

------------- dobre aqui -------------

SOB FOGO CRUZADO

recorte aqui

CADASTRO PARA MALA-DIRETA

Recorte ou reproduza esta ficha de cadastro, envie-a completamente preenchida por correio ou fax, e receba informações atualizadas sobre nossos livros.

Nome: _____ Empresa: _____
Endereço: ☐ Res. ☐ Com. _____ Bairro: _____
CEP: _____-_____ Cidade: _____ Estado: _____ Tel.: ( ) _____
Fax: ( ) _____ E-mail: _____ Data de nascimento: _____
Profissão: _____ Professor? ☐ Sim ☐ Não Disciplina: _____

1. Onde você compra livros?   **4. Áreas de interesse:**
☐ Livrarias   ☐ Feiras   ☐ Psicologia   ☐ Comportamento
☐ Telefone   ☐ Correios   ☐ Crescimento Interior ☐ Saúde
☐ Internet   ☐ Outros. Especificar: _____   ☐ Astrologia   ☐ Vivências, Depoimentos

2. Onde você comprou este livro?   **5. Nestas áreas, alguma sugestão para novos títulos?**
_____   _____

3. Você busca informações para adquirir livros por meio de:
☐ Jornais   ☐ Amigos   **6. Gostaria de receber o catálogo da editora?** ☐ Sim ☐ Não
☐ Revistas   ☐ Internet
☐ Professores   ☐ Outros. Especificar: _____   **7. Gostaria de receber o Ágora Notícias?** ☐ Sim ☐ Não

Indique um amigo que gostaria de receber a nossa mala-direta.

Nome: _____ Empresa: _____
Endereço: ☐ Res. ☐ Com. _____ Bairro: _____
CEP: _____-_____ Cidade: _____ Estado: _____ Tel.: ( ) _____
Fax: ( ) _____ E-mail: _____ Data de nascimento: _____
Profissão: _____ Professor? ☐ Sim ☐ Não Disciplina: _____

Editora Ágora
Rua Itapicuru, 613 7º andar 05006-000 São Paulo - SP Brasil Tel. (11) 3872-3322 Fax (11) 3872-7476
Internet: http://www.editoraagora.com.br   e-mail: agora@editoraagora.com.br

cole aqui